그럼에도 불구하고, 성품

KB195056

그럼에도 불구하고, 성품

잠언의 지혜로 하나님이 디자인하신 인간 회복하기

ⓒ 김영배 2022

초판 1쇄 발행 2022년 11월 17일

지은이 | 김영배
편집 및 펴낸이 | 김영배

펴낸곳 | 도서출판 히즈웨이
등록번호 | 제2022-25호
주 소 | 경기도 광주시 마루들길 294, 107동 502호
전 화 | 010-3630-8992
이메일 | youngpear@naver.com
유튜브 | 그의길교회

북디자인 | 참디자인(02-3216-1085)

ISBN 979-11-980388-0-7 (03230)

그럼에도 불구하고, 성품

• 잠언의 지혜로 하나님이 디자인하신 **인간 회복하기** •

김영배 지음

히즈웨이

차 례

Session I 탐색

Session II 훈련

지혜의 샘이자 성품의 본이 되시는 예수님께 이 책을 바칩니다.

추천의 글

| **양진일 목사** _가향공동체 |

예수를 믿어도 성품은 바뀌지 않는다고 말하는 이들이 있습니다. 자신의 모난 성품을 주님 앞에서 꺾어내고자 하지 않는 이들의 자기변호입니다. 성령의 역사 앞에서 무너지지 않는 것이 무엇이 있을까요? 성격이 불같은 사람이어서 보아너게로 불린 요한은 성령의 도우심 안에서 사랑의 사도가 되었습니다. 예수를 만나고 성령의 도우심을 경험한 결과입니다.

하나님을 믿는다는 것은 결국 삶을 통해 발현되어야 합니다. 이 땅의 모든 신앙인들은 하나님의 성품을 닮은 지상 대리자로서 하나님의 살아계심과 역사하심을 증거해야 합니다. 그리고 그것이 가장 일상적으로 드러나야 할 현장이 가정입니다.

저자는 하나님의 성품으로 자녀를 양육하기 원하는 이들을 위해 친절한 가이드북을 만들었습니다. 12개의 주제로 전개되는 이 여정을 따라가다 보면 더욱 간절한 마음으로 좋은 성품을 가진 부모가 되기를 사모하게 될 것입니다. 신앙의 모범이자 스승으로 불러주신 부모의 자리를 신실하게 감당하기 원하는 이들에게 꼭 필요한 책입니다. 더불어 함께 나누면서 더 좋은 부모가 되기를 서로 응원하기 원합니다.

윤은성 목사 _한국어깨동무사역원 대표, 어깨동무학교 교장, 『쓸모있는 교육』 저자

코로나 팬데믹 시대를 지나오며 가장 많은 변화가 일어난 곳은 가정이라고 생각합니다. 매일 학교를 가던 아이들이 집에 머물기 시작했고, 매일 출근하던 아빠와 엄마가 재택근무를 하게 되었습니다. 무엇보다 주일이면 가던 교회의 예배와 여러 모임들조차 가정에서 가지게 되자 가정의 부담이 크게 늘어났습니다. 부모들의 당황한 목소리를 많이 들었습니다. 가정에서 자녀를 양육하는 일 차적 책임이 부모에게 있음에도 불구하고 막상 그 역할에 충실해야 하는 상황 이 다가왔을 때 우리 모두가 느낀 감정은 부모가 준비되지 않았다는 느낌이었 습니다.

가정에서의 신앙 양육, 학습지도, 인성교육 등 무엇 하나 쉬운 일이 없음을 절감하게 되었습니다. 부모가 이 모든 일을 다 해야 하는 것인가 질문도 해 보았 습니다. 가정에서 부모를 통해 이루어져야 하는 가장 중요하고도 모든 삶의 기 초가 되는 것이 성품입니다. 그러나 성품교육 자체가 모호하게 다가오고 어떻 게 하는 것이 성경적인 성품교육인지조차 확신이 없는 것이 현실입니다.

이러한 시대적 상황 속에 시원한 샘물 같은 김영배 목사님의 귀한 저서『그럼 에도 불구하고, 성품』을 추천하게 되어 기쁘게 생각합니다. 인격을 형성하는 다 양한 성품에 대한 성경적인 개념을 이해하고 어떻게 양육하고 지도할 것인지 구 체적인 길을 안내해주는 너무 좋은 가이드북이 될 것입니다. 성품교육을 강조 하는 모든 교회와 학교들에서 사용해도 좋은 교재라고 확신합니다. 꼭 필요한 좋은 책이 출간되는 것을 기뻐하며 추천드립니다.

강성호 목사 _고려신학대학원 기독교 윤리학 외래교수

한국교회의 도덕적 실패는 성품의 문제로 귀결됩니다. 한국교회 안에서 일어난 많은 윤리적 문제들이 단순히 개개인의 도덕적 일탈이 아니라 그릇된 가치관에 의해서 형성된 도덕적 성품에 의해 일어난 일들이기 때문입니다.

성품의 문제를 해결하는 것은 문제를 지적하는 것으로 이루어지지 않습니다. 성품의 교육과 훈련이 필요합니다. 김영배 목사님이 '잠언'과 '성품'의 키워드로 풀어내신 『그럼에도 불구하고, 성품』은 '성품 훈련의 중요성'과 '성품교육의 실천적인 지혜'를 함께 제공하고 있습니다.

이 책을 통해서 한국교회에 성품 훈련과 교육에 대한 관심과 실천이 증대되길 소망합니다.

서진교 목사 _함께하는재단 굿윌스토어 사목

믿는 부모의 가장 간절한 바람은 자녀가 바르게 성장하는 것입니다. 만약 아이가 세상적으로 성공하기만을 바란다면, 이 책을 살 필요가 없습니다. 아이가 믿음으로 바르게 자라기를 바란다면, 오랫동안 기도해 왔다면 이 책은 기도 제목의 응답이 될 수 있습니다.

자식은 부모의 거울이라고 했습니다. 내가 주 안에서 거룩해질 때, 내 아이도 거룩해집니다. 그래서 부모가 먼저 변화되어야 합니다. 부모가 말씀을 통해 변화된 모습을 보여줄 때, 비로소 교회를 떠난 내 아이가 돌아올 수 있습니다. 아이가 곧 자라서 집을 떠날지라도 일평생 교회를 떠나지 않기를 바란다면, 지금부터 시작해야 합니다.

이 책은 잠언을 성품이라는 렌즈로 바라보게 합니다. 믿는 자가 갖춰야 할 성품을 잠언의 말씀을 통해 잘 정리했습니다. 실천적인 지침을 제공함으로써 삶에 바로 적용할 수 있습니다. 개인적으로 읽어도 좋고, 교회에서 스터디나 세미나 교재로 사용해도 좋습니다. 잠언을 통해 내 삶을 재구성하는 기쁨을 교회가 함께 누리는 유익을 얻을 수 있습니다.

부디, 이 책을 통해 부모의 갈급한 심령이 메워지고 자녀의 공허한 마음을 말씀의 지혜로 뿌듯이 채우는 일들이 일어나길 소망합니다.

저자 머리말

이 책은 저희 교회 기도회에 참석하셨던 (저희 교회 성도가 아닌) 한 권사님의 제안으로부터 시작되었습니다. 자녀들의 성품 훈련이라는 주제로 이야기를 나누던 중이었는데, 갑자기 저더러 잠언 말씀으로 성품 훈련을 위한 교재를 써 보라는 것이었습니다.

제가 말씀으로 기초를 놓아 주면 거기에다 권사님 자신이 교육 현장에서 익히고 사용하고 있는 성품 훈련의 노하우들을 접목해 보자는 것이었습니다.

그런데 저는 그때만 해도 '잠언'과 '성품 훈련'이 관련이 있는지도 잘 몰랐기 때문에 적잖이 당황했었습니다. 하지만 대화가 깊어지면서 곰곰이 생각해 보니 잠언 안에 충분히 그 가능성이 있겠다는 생각이 들었습니다. 일단 잠언이 기본적으로 자녀들의 교육과 훈련을 위한 지침서이지 않습니까?

"마땅히 행할 길을 아이에게 가르치라 그리하면 늙어도 그것을 떠나지

아니하리라." 잠22:6

저는 결국 제안을 수락했습니다. 그리고 그 후로 본격적으로 성품 (훈련)이라는 관점으로 잠언 말씀을 묵상하고 연구하기 시작했습니다. 늘 잠언의 키워드를 '지혜'라고만 생각하고 있었는데, 성품의 창으로 다시 보니 너무나 새롭고도 흥미로웠습니다.

무엇보다도 '지혜'와 '성품'이 긴밀하게 연결되어 있다는 것을 깨닫고 가슴이 뛰기도 했습니다.

저는 잠언을 묵상하고 연구하면서 좋은 성품의 여덟 가지 요소들을 뽑아 보았습니다.

온유함, 절제심, 적극성, 겸손함, 정직함, 부지런함, 효심, 긍휼의 마음.

이 여덟 가지는 물론 잠언 외에 다른 성경에서도 근거를 찾을 수 있고, 일반적인 철학이나 윤리학 그리고 상식선에서도 얼마든지 추출해 낼 수 있는 그런 것들입니다.

또, 이 여덟 가지만이 좋은 성품의 요소인 것도 아닙니다. 다만 저는 최대한 잠언의 세계관이 자연스럽게 묻어나는 것들을 추려보려 했고, 마지막에는 신약 성경의 관점으로 정리하는 과정을 거쳤습니다.

그리고 한 가지 덧붙이자면, 무엇보다도 내 아이들이 이런 성품을 가진 사람으로 자랐으면 좋겠다는 소망을 염두에 두고 항목들을 선택했습니다.

그런데 아이들을 의식하면서 말씀을 연구하던 저는 계속해서 난관에 부딪칠 수밖에 없었습니다. 저 자신이 먼저 이 말씀들에 매이고 성품 훈련의 여정을 통과해야 한다는, 아니 시작해야 한다는 성령의 강권하심이 있었기 때문입니다. 저는 탄식하지 않을 수 없었습니다.

"아이들 성품교육하기 전에 먼저 내 성품부터 돌아봐야겠구나…"

그 출발점은 언어 문제였습니다. 어느 날 밤 잠언 12장 18절 말씀을 묵상하고 있을 때였습니다.

"칼로 찌름 같이 함부로 말하는 자가 있거니와 지혜로운 자의 혀는 양
약과 같으니라"잠12:8

칼로 찌름 같이 함부로 말하는 자가 있거니와! 당연히 그런 사람들이 있습니다. 그런데 그날 밤에 성령께서 저에게 말씀하셨습니다, 그게 너라고!

평소 같으면 그냥 무심코 넘어갈 수도 있는 말씀이었는데, 그 밤에 성령께서 이 말씀으로 제 심령에 손을 대셨습니다.

칼로 찌름 같이 함부로 말하는 자, 잠언의 세계관에 의하면 미련한 짐승 같은 사람인데, 함부로 상종 못할 무뢰한인데, 그런데 그 무뢰한이 바로 저라고 말씀하시는 것이었습니다.

그러면서 제가 평소에 특히 여덟 살 된 제 딸아이에게 했던 수많은 '칼로 찌르는 말'들이 생각났습니다. 너무 부끄러워서 여기 다 열거할 수는 없지만, 아무튼 그날 밤에 성령께서 하나하나 생각나게 하셨습니다.

일고여덟 살 된 아이들이란 게 정말 한없이 사랑스럽다가도 어쩔 땐 정말 한없이 화나게 만드는 존재들이 아니던가요! 제 딸이 그렇게 저를 화나게 하면 참다못해 얼마나 날카로운 말로 찌르고 또 찔렀던지 모릅니다.

그날 밤에 저는 너무나 슬프고 비참했습니다. 어느새 말씀 묵상의 초점이 아이들로부터 저 자신에게로 옮겨졌습니다. 그러면서 자연스럽게 깨닫게 되었습니다. 아이들의 성품 훈련은 어른들의 성품 훈련으로부터 시작되어야 한다는 것을요.

결국 저는 아이들을 위한 교재를 쓰기 전에 먼저 어른들을 위한 교재를 쓰기로 마음먹었습니다. 자녀들을 위해서라도 부모인 우리가 먼저 다루어져야 한다는 확신이 들었기 때문입니다.

마지막으로 고백하고 싶은 게 하나 있습니다. 저는 사실 성품 훈련을 위한 교재를 쓰기에 적당한 사람이 아닙니다. 도무지 자격이 없습니다. 실력 좋다는 말은 들어봤을지언정 성품 좋다는 말을 들어본 기억이 별로 없습니다.

그렇다고 성품이 개차반인 정도는 아니지만, 또 그렇다고 해서 누가 보더라도 성품의 본이 되는 목사도 아닙니다.

그런 제가 성품 훈련을 위한 교재를 쓰다니요!

그런 의미에서 이 교재에 씌어져 있는 모든 글귀들은 일차적으로 저 자신을 향한 것들임을 밝혀 둡니다. 이 문장들과 지식들로 독자 여러분을 가르치려는 마음이 추호도 없습니다. 그저 이 모든 언어들은 좋은 성품의 사람이 되고 싶어 몸부림치는 저 자신의 오랜 그리고 아직도 현재 진행 중인 고뇌의 산물입니다.

최대한 실제적인 훈련을 위한 팁들을 담아 보려고 노력했는데, 모두 예외 없이 제가 제 일상생활에서 실천하고 있거나 실천하려고 애쓰고 있는 것들입니다.

더불어, 약간의 효과라도 체험한 것들입니다.

사실 (제 개인적으로는) 성품이라는 주제를 매일 의식하는 것만으로도 상당한 효과가 있습니다. 하나님과의 관계에 있어서 깊은 은혜와 회복을 경험했고, 성품의 창으로 성경을 다시 보게 되면서 말씀을 향한 새로운 열정을 품게 되었습니다.

아내와 더 친밀해졌고 아이들과도 사이가 더 좋아졌습니다. 일과 사역 때문에 다른 사람들을 만날 때도 이전보다 훨씬 편안하고 자연스럽습니다. 왠지 모를 자신감마저도 생겼습니다. 그야말로 예기치 않았던 새로운 행복감이 제 안에서 꼬물거리는 것을 느낄 수 있습니다.

저는 정말로 여러분 모두가 성품 훈련을 통해 이와 같은 행복을 맛보길 간절히 바랍니다.

모쪼록, 이 책이 독자 여러분에게 따분한 윤리 교과서가 아니라 성품이 별로인 한 목사가 좋은 성품을 갖기 위해 분투하는 노력의 열매로서 다가가기를 기대합니다.

나아가, 여러분과 여러분 자녀들의 성품 훈련에 영감과 도움을 줄 수 있는 유익한 실전 교재이기를 소망합니다.

끝으로, 이 책이 출간되기까지 도움을 주신 모든 분들에게 진심으로 감사의 마음을 표현하고 싶습니다. 부족한 원고를 수고로이 읽어 주시고 기꺼이 추천사를 써주신 양진일, 윤은성, 서진교 목사님께 큰 사랑의 빛을 졌습니다. 또 일면식도 없었던 저를 위해 추천사와 함께 본인의 논문 요약본을 직접 보내 주시고 참고하도록 허락해 주신 강성호 교수님께도 말할 수 없는 은혜를 입었습니다.

이 책에 관한 첫 아이디어를 제공해 주신 청량리감리교회 김미경 권사님, 늘 기도해 주시고 물심양면으로 후원과 응원을 아끼지 않으시는 광주동명교회 진채리 집사님, 각각 색깔은 다르지만 자식들을 위해 다함없는 사랑과 헌신으로 오늘도 힘을 주시는 양가의 부모님, 가정이라는 성품 훈련의 치열한 용광로 속에서 함께 부대끼며 서로가 서로에게 제사장 노릇을 부지중에 톡톡히 하고 있는 딸 유하, 아들 동하, 사랑하는 아내 김하정에게도 감사의 마음을 전합니다.

그리고 이 모든 존귀한 당신의 형상들을 돕는 자 삼으셔서 미련하고 무익한 종을 여기까지 사용해 주시는 하나님께 사랑을 고백합니다.

김영배 목사

"잠언의 중심 메시지 중 하나는 우리가 무엇을 두고서도
충분히 사고해 본 적이 없다는 것이다."

"성경이 약품 수납장이라면... 잠언은 의식 잃은 사람을
강한 냄새로 정신 차리게 하는 약에 가깝다."

"잠언은 '시'(Poetry)라는 예술 형태를 띠고 있어서
당신 안에 지혜가 방울지려면 잠언과 씨름해야 한다."

"잠언마다 삶의 이치 가운데 한 단면을 기술했을 뿐이다...
그러므로 퍼즐처럼 다 맞춰야만 다차원의 그림 전체를 볼 수 있다."

- 팀 켈러 -

들어가는 글 _
잠언의 매력 / 지혜와 성품

'잠언'으로 번역되는 히브리어는 **마샬**입니다. 문자적으로 '~과(와) 같다', '간결한 격언'이라는 뜻입니다. 그런데 이 단어가 동사형으로 쓰이면 '지배하다', '통치하다'라는 의미가 됩니다. 재미있는 어의 변형이지요. 고대 히브리인들의 의식 구조를 깊이 들여다보지 않더라도 이 '간결함'과 '지배'의 관계를 얼추 짐작할 수 있을 것 같습니다.

바로, '간결한 것이 지배력을 갖는다'는 것이지요.

| 치명적인 잠언의 매력 |

무릇 간결한 것들이 힘이 있습니다. 간결한 말, 간결한 글 그리고 간결하게 표현되는 생각과 사상들. 간결한 것이 아니면 다른 사람은 말할 것도 없고 나 자신 역시 지배하기 어렵습니다.

특히 우리의 영과 정신이 취약한 상태에 있을 때 다시 말해 욕망과 유혹에 휩쓸리거나 죄를 짓기 일보직전인 급박한 상황일 때 복잡한 신학과 사상이 도움이 되기는 영 어렵습니다. 그런 순간일수록 간명하게 정리돼 있는 기독교 세계관 그리고 간결하게 표현돼 있는 잠언의 말씀들이 빛을 발합니다. 심오한 철학과 깊이 있는 신학이 영혼의 기초 체력을 증진해 주는 것이라면 잠언이야말로 치열한 삶의 전장에서 효율적으로 써먹을 수 있는 즉시전력인 셈이지요.

물론 그렇다고 해서 잠언의 메시지 자체를 여과 없이 오늘 우리 삶에 적용할 수 있다는 말은 아닙니다. 다른 모든 성경들도 그렇지만 잠언은 더더욱 그 해석과 적용에 있어서 신중한 검토가 필요합니다.

잠언이 씌어졌던 당시의 사회,문화적 맥락과 그 문학적 양식의 특수성은 말할 것도 없고, 특히 복음과 신약 성경의 관점에서 재해석하는 과정이 필수적입니다.

아무튼 저는 지금 그런 적절한 해석학적 필터링을 거친 잠언 말씀들의 간결한 형식이 갖는 힘과 실용성에 대해 말하고 있습니다. 잠언은 정말로 흥미로울 뿐만 아니라 외우기 쉽고, 곱씹기 적당하며, 치열한 삶의 현장에서 재빨리 꺼내들 수 있는 좋은 무기인 것입니다.

| 나를 위한 잠언 |

삶의 모든 영역에 있어서 완벽하게 지혜로운 사람은 없습니다. 아무리 지혜로운 사람일지라도 한두 군데 지점에서는 자꾸만 발을 헛딛기 마련입니다. 나름 신경 쓰는데도 무심코 미련한 짓을 하고 마는 '나만의 아킬레스건'이 있는 것입니다.

잠언을 읽고 묵상하다 보면 자연스레 이 영역들이 부각되어 보입니다. 여러 주제들에 관한 수많은(500여 개나 됩니다.) 잠언들 중에 유독 마음이 쓰이는 것들이 있습니다. (다혈질인) 저 같은 경우에는 화를 다스리는 것과 관련된 잠언들만 나오면 그냥 넘어가지질 않습니다. 본능적으로 한 번 더 밑줄을 긋게 되고, 거듭 부끄러움을 느낍니다.

여러분에게도 분명히 이와 같은 '나를 위한 잠언'이 있을 것입니다. 잠언의 또 다른 매력과 위력이 바로 여기에 있습니다. 잠언은 술술 읽히며 그냥 나를 스쳐지나가는 듯하다가 갑자기 어느 순간 내 존재의 중심을 찌르며 깊이 들어옵니다.

조금 과장하자면 '호흡이 멎는 순간'입니다. '잠언'이라고 할 때의 '잠(箴)'자가 바늘이라는 뜻인데, 말하자면 '바늘로 찔리는 것 같은 순간'인 것입니다.

우리가 이 찰나의 순간을 최대한 진지하게 붙잡고 씨름함으로써 다음 번에 같은 곳에서 실족하지 않을 수 있다면, 하나님께서 우리에게 잠언을 주신 뜻이 일정 부분 성취되는 것이라고 말할 수 있습니다.

그런데 이 씨름의 과정이 생각만큼 쉽지는 않습니다. 잠언이 주장하고 권하는 지혜로운 삶이 무엇인지 안다는 것과 실제로 그렇게 산다는 것은 차원이 다른 문제이기 때문입니다.

이 책은 바로 그 두 가지 차원을 연결해 보려는 노력의 결과물입니다. 특별히 가정이라는 울타리 안에서 먼저는 부모들이 이 연결을 시도하고 체험하며 그 유익을 누리고 나아가 자녀들에게 지혜로운 삶의 토대를 놓아주는 것을 돕고자 하는 바람을 갖고 씌어졌습니다.

| 지혜는 성품으로 말한다 |

우리 자녀들이 앞으로 지혜로운 삶을 살기 위해서 알아야 될 것들, 습득하고 훈련받아야 할 것들은 참으로 많습니다.

적당한 시기가 되면 성의 영역에 대해서도 공부해야 하고, 친구를 어떻게 사귀며 우정을 어떻게 다져갈 수 있는지에 대해서도 실제적으로 체득해 가야 합니다. 이 자본주의 사회에서 돈을 어떻게 벌고 쓰며 관리하는 것이 지혜로운 것인지도 필수적으로 알아야 합니다. 잠언이 몇 번 강조해서 언급하고 있는 것처럼 술에 대한 관점도 미리 정립해 두어야 합니다.

하지만 이 책은 이 모든 것들을 다루지는 않습니다. 그런 것들보다는 특별히 '성품'이라는 주제에 집중합니다. 굳이 말하자면 '지혜로운 삶을 살기 위한 기초로서의 매력적인 성품'에 하이라이트를 비추고 있습니다 (서문에서 언급한 대로 이번 편에서는 우선 부모들에게 초점을 맞춥니다).

나아가 이 책은 오랜 시간을 통해 천천히 형성되는 좋은 성품이 어떻게 자연히 지혜로운 삶의 열매들을 맺게 되는지 확인하고, 바로 그 좋은 성품을 빚어가기 위한 실제적인 방법들을 탐구하기 위해 씌어졌습니다.

이 탐구의 여정에 관심을 갖고 참여하기로 마음먹은 여러분을 환영하고 축복합니다.

Session I

탐색

"지혜는 하나님의 선물인 동시에
우리가 책임지고 수행해야 할 임무다."

- 그레엄 골즈워디 -

01. 솔로몬, 오직 지혜를 구하다

왕상3:4-15

솔로몬의 인생을 살펴보면, 온통 부러운 것들 투성이입니다. 솔로몬은 그야말로 '이루기를 원하던 모든 것을 다 이룬' 사람이었습니다(왕상9:1). 그는 시작부터가 달랐습니다. 일단 아버지가 이스라엘의 영웅이자 최고 권력자인 다윗 왕이지 않습니까? 다른 그 누구와도 비교가 불가한 진정한 금수저인 셈입니다.

그리고 오늘 본문 5절을 보십시오. 세상 그 어떤 사람이 하나님께 이런 질문을 받은 적이 있었던가요?

"내가 네게 무엇을 줄꼬 너는 구하라."

이건 마치 〈알라딘의 마술 램프〉에서 램프의 요정 지니genie가 알라딘에게 하는 말 같지 않습니까? 그렇습니다. 솔로몬은 동화나 판타지 소설

에서 볼 수 있을 법한 행운 혹은 찬스를 얻은 '억세게 운 좋은 사람'이었던 것입니다. 어차피 가능성이 거의 없으니 한 번 상상이나 해 볼까요?

'만약 하나님이 나에게도 이런 질문을 하신다면, 나는 어떤 대답을 할까?'

솔로몬은 어떤 대답을 했습니까? 무엇을 구했나요?

| 나를 위해서? 부르심을 위해서! |

그는 '레브 샤마'를 구했습니다. 즉 '듣는 마음' 혹은 '분별하는 마음'을 구했습니다(왕상3:9). (좀 더 구체적으로) 재판을 할 때 무엇이 선이고 무엇이 악인지 분별하는 마음을 구한 것입니다. 말하자면 왕으로서의 자기 직무 혹은 부르심에 가장 필요한 것을 구한 것이지요. 하나님께서 친히 평가해 주신 것처럼, 솔로몬은 '자기 자신을 위해서' 구하지 않고 '하나님의 부르심을 위해서' 구했습니다.

그런데 하나님의 부르심을 위해서 구하려면 부르심에 사로잡혀 있어야 합니다. 부르심에 사로잡히지 않으면 내 욕망과 내 유익에 사로잡히게 됩니다. 너무나 속히 그리고 너무나 자연스럽게 그렇게 되지요.

그래서 결국 덜 중요하거나(부), 중요하지 않거나(장수), 심지어 구해서는 안 되는 것(원수의 죽음)을 원하게 됩니다(왕상3:11). 그런 것들에 집착하고 추구하느라 인생을 낭비하게 됩니다.

그런 관점에서 무엇보다도 나를 향한 하나님의 부르심을 정확히 아는 것이 중요합니다. 그리고 그 부르심에 가장 필요한 것을 구해야 합니다. 그러면 다른 것들(부귀와 영광 같은 것들)은 덤으로 옵니다. 이게 굉장한 굿뉴스이지요.

> "우리가 부르심에 필요한 것들을 구하면 하나님께서 다른 것들은 덤으로 주신다. 보너스로 주신다!"[1]

솔로몬은 부르심에 사로잡혀 있었습니다. 이스라엘의 왕이라는 자기 직무에 몰두해 있었습니다. 그야말로 자나깨나 어떻게 하면 하나님이 자기에게 맡겨주신 왕으로서의 사명을 잘 감당할 수 있을지 온통 그 생각뿐이었습니다. 그러니까 꿈속에서 그런 질문을 받는데도 망설임 없이, 별 고민 없이 즉시로 답변을 할 수 있었던 것이지요(왕상3:15).

솔로몬은 '레브 샤마'(분별하는 마음, 9절) 혹은 '빈 샤마'(분별하는 지혜, 11절)를 구했습니다. (종합적으로 말하자면) '지혜'를 구했습니다. '진실을 식별하는 감수성'이라고 표현해도 좋겠습니다.[2]

아무튼 하나님은 솔로몬의 소원대로 그에게 지혜를 주셨습니다. 이어서 나오는 두 창기에 관한 재판 이야기(왕상3:16-28)는 하나님이 솔로몬에게 주신 '그 지혜' 혹은 '남다른 감수성'에 관한 실례이지요.

어느 날 창기 두 여자가 솔로몬 앞에 와서 재판을 신청하였는데, 시작부터 난관입니다. 무엇보다도 이 두 여자의 다툼에는 증인(고대의 재판에서 판결에 영향을 미치는 가장 핵심적인 요소)이 없기 때문입니다. 서로 산 것이 자기 아기이고 죽은 것이 상대방의 아기라고 주장하는 팽팽한 논쟁이 있을 뿐입니다. 재판관의 입장에서 보면 어렵고 골치 아픈 송사입니다. 게다가 사회적으로 유력한 사람들도 아니고 한낱 창기들의 악다구니처럼 보이는 일이니 (인간적으로는) 그냥 짜증을 내며 돌려보내고 싶은 재판입니다.

하지만 거룩한 하나님의 대리자로서의 왕의 직무에 충실하고 싶었던 솔로몬은 그렇게 하지 않았습니다. 이 아귀다툼 속에 뒤엉켜 있는 진실과 거짓, 그리고 선과 악을 분별해 내서 하나님의 의를 이루어 드려야 했습니다. 하지만 어떻게 해야 거짓이 폭로되고 진실이 드러날 수 있을까요? 솔로몬은 깜짝 놀랄 만한 판결을 내립니다.

> "칼을 내게로 가져오라… 산 아이를 둘로 나누어 반은 이 여자에게 주고 반은 저 여자에게 주라." 왕상3:24-25

솔로몬의 충격적인 이 판결은 언뜻 들으면 재판에 염증을 느낀 재판관의 영혼 없는 공정의 선언 같습니다. "야, 귀찮으니까 험한 꼴 보기 싫으면 빨리 꺼져!", 뭐 이런 말처럼 들리기도 합니다.

아니 이게 무슨 지혜입니까? 하나님의 이름을 걸고 맹세를 하게 해서 진실을 말하도록 압박하거나 아니면 최면술사라도 불러서 무의식 가운데 진실이 흘러나오게 하거나 그것도 아니면 하나님께 기도하고 제비라도 던져서 판결을 해야 되는 것 아닙니까? 그게 재판관으로서의 최소한의 책무 아닐까요?

솔로몬은 직관적으로 알았던 것입니다. 어떤 방법으로도 거짓을 말하고 있는 여자가 진실을 말하게 할 방법이 없다는 것을. 대신 솔로몬은 하나님이 주신 지혜로 느낄 수 있었습니다. 이 재판에서 중요한 것은 진짜 엄마의 모성애를 자극하는 것이라는 것을.

결과적으로 솔로몬의 판결은 자식의 생명을 구하려는 진짜 엄마의 마음에 불을 붙였고(왕상3:26), 진실이 사람들의 눈앞에 환하게 드러났습니다. 더불어 솔로몬이 인간의 지혜가 아니라 하나님의 지혜로 판결한다는 사실도 온 세상에 입증되었습니다. 악한 사람들은 두려워했고("함부로 악한 짓 하면 안 되겠구나!"), 선한 사람들은 평안함을 느꼈습니다("억울한 일을 당해도 왕께서 제대로 판결해 주시겠구나!").

"온 이스라엘이 왕이 심리하여 판결함을 듣고 왕을 두려워하였으니 이는 하나님의 지혜가 그의 속에 있어 판결함을 봄이더라." 왕상3:28

| 지혜자와 우매자의 역설 |

그런데 솔로몬은 이때 기브온 산당에서 하나님께로부터 지혜를 받기 전에는 별로 지혜가 없는 사람이었을까요?

아닙니다. 사실 솔로몬은 그전에도 이미 지혜가 있는 사람이었습니다. 아버지 다윗이 죽기 직전에 말한 것처럼 아니 인정해준 것처럼 말이지요(왕상2:6-9).

여기서 우리가 한 가지 분명하게 알 수 있는 것이 있습니다. 지혜있는 사람은 자기가 지혜가 부족하다는 것을 안다는 사실입니다. 그래서 지혜있는 사람이 더욱 지혜를 추구하는 법이지요. 일종의 역설입니다.

결국, 지혜있는 사람은 나날이 더 지혜로워지고 지혜없는 사람은 갈수록 더 우매해지기 십상입니다. '빈익빈 부익부'(貧益貧 富益富)라는 말이 있지요? 아마 '현익현 우익우'(賢益賢 愚益愚)라고 말해도 크게 틀린 말은 아닐 것입니다.

| 지혜, 하나님과의 좋은 관계로부터 |

솔로몬은 본래 지혜로웠으나 하나님께로부터 지혜를 받아서 더욱 지혜로워졌습니다. 이 지혜는 솔로몬이 읽은 책들과 경험 그리고 숙고 때문에 생긴 것이 아니라 전적으로 하나님과의 좋은 관계 때문에 선물로 얼어진 것이었습니다.

하나님은 솔로몬이 얼마나 예뻐보였으면 그런 질문을 하셨을까요? 오랜만에 사랑스러운 손주를 본 할머니 할아버지가 그러듯이 말이지요.

"아이고 예쁜 우리 강아지, 뭐 갖고 싶누? 뭐든 말해 보거라."

나중에 스바 여왕이 이스라엘을 방문해서 솔로몬의 지혜를 확인하고 하나님을 높이는 것을 보십시오.

"당신의 하나님 여호와를 송축할지로다!"왕상10:9

스바 여왕은 솔로몬의 지혜를 보고 그 배후에서 넘실거리는 하나님의 기운 혹은 영광을 본 것입니다.

우리에게도 이런 류의 지혜가 있기를 바랍니다. 하나님과의 친밀하고 온전한 관계로부터 흘러나오는 거룩한 지혜, 남다른 지혜가 있기를 축복합니다.

그리고 그 지혜 때문에 우리의 부르심을 잘 감당하고 나아가 우리를 통해 하나님이 영광 받으시기를 원합니다.

질문과 묵상

1. 여러분은 지금 하나님께 무엇을 구하고 있습니까? 여러분 자신을 위해서 구하고 있습니까, 아니면 솔로몬처럼 하나님의 부르심을 위해서 구하고 있습니까?

2. 나를 향한 하나님의 부르심을 위해서 구했더니 다른 것들을 보너스로 얻은 경험이 있습니까? 있다면 나누어 봅시다.

3. 그동안 살면서 "내가 정말 지혜가 없(었)구나!"라고 절감했던 순간이 있습니까? 있다면 어떤 상황이었는지 기억해 보고, 나누어 봅시다.

"누멘적인 것(하나님의 거룩함)의 내용은 한편으로는 위압적이고 압도적인 두려움의 요소다. 그러나 그것은 동시에 다른 한편으로는 분명히 독특한 힘으로 끌어당기며, 매료하며, 매혹하는 어떤 것으로서 이제 위압적인 두려움의 요소와 더불어 하나의 묘한 대조적 조화를 이루게 된다."

- 루돌프 옷토 -

02. 지혜의 근본, 지혜의 시작

잠1:1-7

"다윗의 아들 이스라엘 왕 솔로몬의 잠언이라 이는 지혜와 훈계를 알게 하며 명철의 말씀을 깨닫게 하며 지혜롭게, 공의롭게, 정의롭게, 정직하게 행할 일에 대하여 훈계를 받게 하며 어리석은 자를 슬기롭게 하며 젊은 자에게 지식과 근신함을 주기 위한 것이니 지혜 있는 자는 듣고 학식이 더할 것이요 명철한 자는 지략을 얻을 것이라 잠언과 비유와 지혜 있는 자의 말과 그 오묘한 말을 깨달으리라 여호와를 경외하는 것이 지식의 근본이거늘 미련한 자는 지혜와 훈계를 멸시하느니라"

잠언은 서론(1-9장)과 본론(10-31장)으로 구성되어 있습니다. 그리고 서론의 핵심이자 잠언 전체를 관통하는 잠언의 모토와도 같은 말씀이 있습니다. 바로 "여호와를 경외하는 것이 지식(지혜)의 근본이다"(잠1:7)라는 말씀입니다.

이게 무슨 의미일까요?

우리는 흔히 삶에 곧바로 적용할 수 있는 '구체적이고 실용적인 지혜'를 얻으려고 잠언을 들춰보는 경향이 있지만 여호와 하나님을 경외함 없이 그런 지혜를 얻을 수도 없고 설령 얻는다 해도 그 지혜대로 살 수가 없다는 뜻입니다.

지혜를 얻고 지혜자로서 살기 원하십니까? 먼저, 내 안에 '하나님을 경외함'이 있는지부터 점검해 보아야 합니다.

│ 두려우면서도 사랑함, 사랑하니까 조심스러움 │

그러면 '하나님을 경외함'은 무엇을 의미할까요?

성경에 '경외함'으로 번역된 히브리어는 **'이르아'**인데, 이것은 문자적으로 '대단한 두려움'을 가리킵니다. 하지만 그렇다고 해서 하나님이 적대적 존재이기 때문에 공포를 느낀다는 뜻은 아닙니다.

그런 것이 아니라 하나님이 피조물인 나와는 본질적으로 다른 창조주이시기 때문에 느끼는 두려움이 그 기본적 정서입니다. 인간은 본능적으로 자신과 같은 류의 존재(생물학적으로나 사회적으로나)에 대해서는 편안함과 친밀함을 느끼지만 다른 류의 대상에게는 불편함과 두려움을 느낄 수밖에 없기 마련이지요.

그런 관점에서 보면 하나님이야말로 인간에게는 근본적으로 가장 편치 않고 두려운 존재일 수밖에 없는데, 이르아는 일차적으로 바로 이 정서를 표현하는 것입니다.

그런데 놀라운 것은 그런 두려운 하나님이 자격 없는 나를 위해 대신 죽어주신 구원자라는 사실이지요. 그래서 너무나 황송하고 감사한 존재이기도 합니다.

그러니 그분 앞에서 말 하나 행동 하나 함부로 할 수 없는 바로 그런 두려움, 그것이 바로 이르아입니다.

한 번 상상해 볼까요?

여러분이 아는 한 가장 아름답고 탁월하고 사모할 만한 어떤 인물이 있습니다. 그런데 그 인물이 개인적으로 나한테 감당할 수 없는 은혜를 베푼 고마운 존재이기도 한 것입니다. 그래서 나는 그 인물을 너무 좋아하면서도 여전히 범접할 수 없는 그 무엇을 그 인물 안에서 느낍니다.

그러면 나는 그 인물 앞에서 정말 행동거지 하나하나가 두려울 수밖에 없지 않을까요?

그래서 내 안에 하나님에 대한 이런 경외함(두려우면서도 감사하고 사랑함, 사랑하니까 조심스러움)이 있으면 내 삶은 재조정됩니다. 어떻게요?

'하나님이 내 삶의 중심이 되는 삶'으로!

다시 말해, 이제 나는 무엇을 하며 살든 늘 언제나 하나님을 중심으로 생각하고 판단하고 선택하며 살게 됩니다.

가령 사랑에 빠져 있을 때 연인들은 너무나 자연스럽게 상대방이 자기 삶의 중심이 되질 않던가요? 상대방 중심으로 메뉴도 고르고 상대방 중심으로 놀러 갈 곳도 정하고 매사에 상대방의 의견이 내 의견보다 더 중요하게 되지요.

이처럼 내 안에 하나님을 경외함이 있으면 이제 모든 걸 하나님 중심으로 보고 해석하게 됩니다. 하나님이 하시는 말씀에 초집중하게 되고, 내 삶을 그 말씀에 맞추어 가게 됩니다.

그래서 나는 자기도 모르게 차츰, 자연스럽게 삶을 잘 살 수밖에 (다시 말해) 지혜롭게 살 수밖에 없게 됩니다. 그런 의미에서 '좋은 삶은 여호와를 경외함으로부터 시작되는' 것이고[3], 이게 바로 잠언의 모토의 의미인 것이지요.

| "지혜" _ 창조의 질서에 올라타기 |

그러면 '**지혜**'는 구체적으로 무엇을 의미할까요?

잠언의 세계관에 의하면 하나님께서 세상을 창조하셨을 때 심어놓은 '창조의 질서'를 이해하고 그 질서에 부합하게, 어울리며 살아가는 것입니다. 유진 피터슨Eugene Peterson의 표현을 빌리자면 '하나님의 조건에 따라 인생을 받아들이고 그것을 잘 사는 것'입니다. 혹은 '일상에서 진리를 사는 것'이라고 말할 수도 있지요.[4]

'창조의 질서에 올라타는 것' 혹은 '우주의 결대로 살아가는 것'이라고

도 표현할 수 있겠습니다.[5]

야구 경기에서 타자가 공을 칠 때 '결대로 친다'는 표현을 들어 보셨는지 모르겠습니다. 투수가 던진 공이 오른 손 타자의 몸 쪽으로 붙어오면 당겨서 치고(이때 타구는 타자의 왼쪽 방향으로 날아갑니다), 반대로 바깥 쪽으로 오면 밀어서 치는 것(이때는 공이 타자의 오른쪽 방향으로 향합니다)을 의미합니다.

이렇게 쳐야만 다시 말해 날아오는 공과 휘두르는 배트의 물리적 상관관계에 있어서의 질서에 순응해야만 대개 좋은 타구가 나오게 되지요.

이제 이해를 돕기 위해 좀 극단적인 예를 들어보겠습니다.

가령 부부관계에 있어서 틈만 나면 외도를 하는 것이 질서일까요, 아니면 정절을 지키는 것이 질서일까요?

정절을 지키는 것이 질서입니다. 살다가 성격이 좀 안 맞으면 그냥 이혼해 버리는 것이 질서일까요, 가능한 한 끝까지 가정을 지키는 것이 질서일까요?

특별한 이유가 있지 않는 한 한 배우자와 끝까지 결혼 생활을 해내는 것이 질서입니다.

그러므로 (기본적으로) 일단 결혼했으면 내 남편 내 아내와 지지고 볶을 지라도 정절을 지키며 검은 머리 파뿌리 될 때까지 함께 하는 것이 부부관계의 지혜입니다.

미국의 고전 〈위대한 개츠비〉^{The Great Gatsby}의 주인공 개츠비는 데이지
라는 한 여인을 지고지순하게(?) 사랑해서 위대하다는 명성을 얻었지만,
사실 데이지는 이미 한 남자의 아내가 되어 있었기에 그의 사랑은 불륜
혹은 집착 그 이상도 그 이하도 아닙니다. 인본주의적 세계관으로 볼 때
개츠비가 위대한지는 모르겠지만, 성경과 잠언의 눈으로 볼 때 그는 안
타깝게도 '미련한 개츠비^{The Foolish Gatsby}'인 것입니다.

또 노동의 영역에 있어서 일주일 내내 쉬지 않고 일하는 것과 6+1(혹은
5+2)의 리듬으로 노동과 안식을 병행하는 것, 둘 중에 어떤 것이 질서일까
요?

노동하고 안식하고, 노동하고 안식하고... 이게 창조의 질서입니다.

그래서 누군가 만약 이번 주에 하루도 안 쉬고 내내 노동했다면 그는
단지 좀 과로한 일주일을 보낸 것이 아니라 '지혜롭지 않은 일주일'을 보
낸 것입니다.

한 가지만 더 예를 들어보겠습니다.

누군가 로또에 당첨되어서 '부의 추월차선'에 진입하려고 노력 중이라
면 그는 지혜로운 사람일까요, 아니면 바보일까요? 이 자본주의 사회에
서 당연히 지혜자일까요?

자본주의적 질서를 믿고 경배하는 사람이라면 그렇게 보는 게 자연스
럽습니다. 하지만 성경적 질서는 그런 사람을 우매자로 봅니다. 잠언 28

장 20절을 봅시다.

> "충성된 자는 복이 많아도 속히 부하고자 하는 자는 형벌을 면하지 못
> 하리라." 잠28:20

여기 '충성된 자'로 번역된 히브리어 표현 '이쉬 에무나'는 문자적으로
'믿음의 사람'인데, 두 가지 의미를 갖고 있습니다. 첫째는 '꾸준하고 성실
하게 일하는 사람'을 가리키고, 두 번째로는 '도덕적으로 신뢰할 만한 사
람'을 뜻합니다.

그러니까 '도덕적으로 흠이 없는 일에 종사하면서 하루하루 성실하게
일해서 먹고 사는 것'이 성경적 질서입니다. 그리고 그 질서에 순응해서
사는 평범한 사람들이 (실상은) 지혜자들입니다. 반대로, 도덕적으로 미심
쩍은 일과 사업을 통해 남들보다 빨리 부자가 되려고 하는 사람들은 (성경
적 세계관에 의하면) 바보 같은 사람들입니다. 왜냐하면 그런 삶을 추구하는
사람들은 곧 그들의 삶이 황폐해지고 말 것이기 때문입니다.

로또라는 제도 혹은 비즈니스에 도덕적으로 찜찜한 부분이 있는지에
대해서는 이론의 여지가 있겠지만, 적어도 그 실낱 같은 확률의 기적적
인 행운을 통해 빨리 큰 부를 얻으려는 개인의 시도는 분명히 하나님의
창조 질서에 역행하는 것입니다. 그리고 결과적으로 자신의 영혼과 삶에
형벌을 불러오게 될 것입니다.

| "명철" _ 상황 속에서 최선을 선택하기 |

그런데 문제는 살다 보면 질서와 비질서의 구분이 어렵고 모호한 경우가 비일비재하다는 사실입니다. 이런 경우에도 최선의 선택을 하는 것, 가장 적절한 선택(말과 행동)을 하는 것, 이것이 지혜의 또 다른 의미입니다. 이런 상황에서의 지혜를 특별히 '**명철**(통찰)'이라고 부르지요.

다시 말해, 질서와 비질서 혹은 선과 악의 차이뿐만 아니라 무엇이 이 상황에서 최선인지를 분별해 내는 능력입니다.

그리고 이 능력은 다시 하나님을 경외하는 사람 즉 하나님과의 관계가 바른 사람, 하나님과 친밀한 사람일수록 좋을 수밖에 없습니다. 왜냐하면 그런 사람일수록 통찰의 기준이 되는 하나님의 말씀에 주의를 기울일 뿐만 아니라 성령의 감동과 인도하심에 민감하게 반응하기 때문입니다.

사실 잠언은 지혜를 '지혜 부인'으로 인격화하고(잠1:20) 나아가서 성령과 동일시합니다(잠3:19). 그러니까 결국 매사에 성령의 말을 잘 듣는 것이 지혜라고 할 수 있습니다. 질서와 비질서의 구분이 쉽지 않은 난감한 상황에서도 말입니다.

| 하나님과의 관계라는 밭갈기 |

지혜는 하나님과의 관계가 그 출발점입니다. '하나님과 생생히 살아 있는 관계를 맺는 것이 지혜의 절대 필요조건'입니다.[6] 지혜로운 삶을 살고 싶으십니까?

하나님과의 관계라는 밭부터 다시 갈기를 권합니다. 재테크도 해야 되고 인맥 관리도 해야 되고 운동도 해야 되고, 정력을 쏟아야 할 곳이 많지만 우선 하나님과의 관계부터 다시 일구십시오.

자녀들을 지혜로운 아이들로 키우고 싶으십니까?

자녀들과 하나님의 관계에 관심을 기울이십시오. 아이들 공부도 봐줘야 하고, 건강도 챙겨야 하고, 친구 관계도 살펴줘야 하지만 그 무엇보다도 하나님과의 관계를 도와주십시오.

아이들이 성경은 읽고 있는지, 읽고 있다면 얼마나 이해하고 있는지, 아이들의 하나님상이 어떻게 형성되어가고 있는지 세심하게 들여다보십시오.

또 기도는 하고 있는지, 하고 있다면 어떤 제목으로 기도하는지 반대로 하지 않고 있다면 무엇이 장애물인지 이런 주제들로 자녀들과 자주 대화하시기를 바랍니다.

마치 잠언의 한 구절인 것처럼 느껴지는 시편 기자의 노래를 들어 보십시오.

"여호와를 경외함이 지혜의 근본이라 그의 계명을 지키는 자는 다 훌륭한

　지각을 가진 자이니 여호와를 찬양함이 영원히 계속되리로다." 시111:10

　자녀들이 하나님을 경외하는 법을 배우도록 양육하십시오. 그들이 하나님의 계명을 훤히 꿰뚫도록 가르치고 그 가르침대로 살 수 있도록 돕고 지도해 주십시오. 부모인 여러분이 먼저 힘써 본을 보이십시오.

　그러면 (시인의 노래이자 선포처럼) 그들이 '훌륭한 지각'을 가진 사람들로 자랄 것입니다. 상황 상황마다 어떻게 말하고 행동해야 하는지 분별력을 갖춘, (현대적인 표현으로는) '센스 있는' 사람들이 되어갈 것입니다.

| 경외함에서 경외함으로 |

　우리는 '여호와 경외'라는 출발선start line에서 지혜를 탐구하는 여정을 시작합니다. 이 여정은 평생을 통해 진지하게 계속되어야 하며 마지막 목표 지점goal line은 다시 '여호와 경외'입니다.

　그런데 여호와 경외는 오늘날 복음 시대에 '그리스도에 대한 사랑과 순종'으로 구체화될 수밖에 없습니다.

　그러므로 지혜는 결국 그리스도를 출발점으로 삼아 그리스도의 영이신 성령의 인도와 도움을 받아 그리스도의 성품에 도달하는 것으로 완성된다고 말할 수 있을 것입니다.

● '지혜'와 '명철'의 차이

1) 지혜_ 하나님께서 세상을 창조하셨을 때 심어놓은 '창조의 질서'를 이해하고 그 질서에 부합하게, 어울리며 살아가는 것.

2) 명철_ 질서와 비질서의 구분이 어렵고 모호한 경우에도 최선의 선택을 하는 것, 가장 적절한 선택(말과 행동)을 하는 것.

● '하나님을 경외함'의 의미

하나님을 두려워하면서도 감사하고 사랑함, 하나님을 사랑하니까 늘 하나님을 의식하고 그 앞에서 말 하나 행동 하나 조심스러워 함.

질문과 묵상

1. 하나님에 대해서 여러분이 자주 느끼는 감정들을 모두 적어 보십시오. 그리고 여러분 안에 '하나님에 대한 경외함'이 있는지 점검해 보십시오.

2. 내 삶의 패턴이나 습관들 중에 하나님의 창조 질서와 잘 부합하지 않는 영역 즉 '지혜롭지 않게 살고 있는 영역'이 있는지 생각해 봅시다.

3. '지혜'와 '명철'의 차이점을 다시 한번 정리해 보고, 명철하지 못해서 후회했던 경험이 있는지 나누어 봅시다.

"평범한 하루하루 바로 지금 이 순간이 하나님을 만나 그분과 교제할 시간이다. 하루하루를 간단한 에피소드로 나누어 몇 문단으로 기록해 보라. 일단 간략한 형식으로 에피소드들을 기록하고 나면 그날에 대해 묵상하고, 일어난 모든 일에 대해 감사하라. 항상 자신을 향해 애정 어린 태도를 유지하라. 심지어 당신이 실패했을 때도 말이다."

- 벤 캠벨 존슨 -

03. 항상 경외함, 범사에 인정함

잠28:14/3:5-6

"항상 경외하는 자는 복되거니와 마음을 완악하게 하는 자는 재앙에
빠지리라"
"너는 마음을 다하여 여호와를 신뢰하고 네 명철을 의지하지 말라
너는 범사에 그를 인정하라 그리하면 네 길을 지도하시리라"

하나님을 경외하는 것이 지혜로운 삶의 출발점입니다. 여러분 안에
하나님에 대한 경외함이 있는지 점검해 보십시오. 만약 있으시다면, 축
하합니다. 여러분은 지혜로운 삶이라는 배에 일단 올라 탄 것입니다. 배
가 일단 움직이기 시작했습니다.

그러면 이제 다음으로 무엇이 필요할까요? 배가 멈추지 않고 계속 앞
으로 나아가도록 유지를 시켜줘야겠지요?

바로 '항상 경외하는 것'이 필요합니다. (말 그대로) 삶의 모든 순간순간
마다 '항상' 하나님을 경외하는 단계로 성장해가야 하는 것입니다.

주일에는 하나님을 경외하고 주중에는 안 하고? 그게 아닙니다. 믿는 사람들 대할 때는 경외하고 안 믿는 사람들 대할 때는 안 하고? 아니라는 것입니다. 그야말로 어떤 상황, 어떤 장소, 어떤 시간에도 늘 하나님을 '의식하면서' 살아가는 것이 우리의 다음 목표입니다.

│ 항 상 경 외 함 _ '시 간'의 문 제 │

분명한 것은 하나님을 의식하는 시간이 많아질수록 우리의 삶은 더 지혜로워진다는 것입니다. 하나님을 덜 의식할수록, 하나님을 까맣게 잊어버리고 살면 살수록 우리의 삶은 더 미련해집니다. 일상이 엉키고 꼬여갑니다. 자꾸 실수가 많아지고 잘못된 판단과 아쉬운 선택이 많아지고 결과적으로 후회할 일이 많아집니다.

그런데 재미있는 사실이 한 가지 있습니다.

여기 '경외함'으로 번역된 히브리어가 일반적으로 쓰이는 **'이르아'**가 아니라 **'파하드'**라는 것입니다. 앞서 말씀드린 대로 이르아는 '대단한 두려움'을 가리킵니다. 반면에 파하드는 상대적으로 그보다는 덜한 두려움을 의미하지요.

'보편적 두려움', '일상적 두려움'이라고 표현할 수 있을 것입니다.

그러니까 늘 하나님을 의식한다는 것, 항상 하나님을 경외한다는 것은 적당한 긴장감을 가지고 사는 것을 말합니다. 다시 말해 '내가 이런 선택을 하면 하나님께서 어떻게 생각하실까?'를 생각하면서 사는 것입니다. '내가 잘못된 선택을 해서 하나님의 마음을 안타깝게 해드리면 어떡하지?' 하는 적당한 긴장감이 있는 삶입니다.

너무 큰 두려움은 아닐지라도 최소한 '내가 지금 잘못된 길로 가고 있는 것이면 어떡하지?' 정도의 적당한 긴장감 혹은 부담이 늘 우리 마음에 있어야 합니다.

그런 의식이나 염려 혹은 두려움도 없이 정말 아무 생각 없이, 별생각 없이 삶의 순간순간마다 덜컥덜컥 선택하면서 사는 삶? 그건 정말 미련한 삶이라고 밖에 달리 표현할 말이 없습니다.

늘 하나님을 의식하고, 항상 하나님을 경외하면서 살기를 축복합니다.

그런데 이런 삶은 내버려 둔다고 해서 자연스럽게 '되어지는' 것이 아닙니다. 반대로, 부단히 연습하고 훈련해야 '가능해지는' 것이지요.

여러분만의 훈련 일정표를 짜보십시오.

일주일 동안 혹은 하루 동안 '가장 하나님이 의식이 안 되는 시간'이 언제인지 점검해 보고, 이 시간에 의도적으로 하나님의 임재 연습을 해보십시오.

무엇보다도, '쉬지 말고 기도함'(살전5:17)으로 여러분의 영적인 안테나를 최대치로 뽑아 놓으십시오. 기도란 여러분의 모든 시간 속에 임재하시는 하나님께 이목을 집중하는 최고의 훈련이기 때문입니다.[7]

주일날 예배 시간에만 기도하지 말고, 주중에 일상을 살 때도 틈틈이 기도하십시오. 식사 전에만 기도하지 말고, 식사 후에 사람들과 수다를 떨 때도 문득문득 하나님을 의식해 보십시오. 새로운 업무를 배정받았을 때 기도로 마음을 가다듬고, 새로운 가사 일을 시작할 때도 기도하고, 놀러 가기 전에도 기도하고, 운동을 시작하기 전에도 기도하십시오.

기분 좋은 일이 있을 때에도 기도하고, 기분 나쁜 일을 만나도 일단 기도하십시오.

어떻게 해야 할지 확신이 설 때도 기도하고, 어떻게 해야 할지 도무지 알 수 없을 때는 더더욱 기도하십시오.

참으로 쉬지 않고 기도함으로 하나님이 지금(!) 여러분의 영혼의 깊은 곳에 임재하신다는 사실을 가능한 한 자주 떠올리십시오.[8]

분명히 여러분의 지혜로운 삶이라는 배가 멈추지 않고 꾸준히 앞으로 나아가게 될 것입니다.

| 항 상 경 외 함 _ '영 역'의 문 제 |

항상 하나님을 경외한다는 것은 '시간'의 문제일 뿐만 아니라 '영역'의 문제이기도 합니다. 우리는 (저를 비롯해서) 삶의 어떤 영역에서는 하나님을 경외하지만 다른 특정 영역에서는 그렇지 않은 경향이 있습니다. 유독 어떤 특정 영역에서는 하나님을 경외하거나 의식하기는커녕 마치 하나님이 안 계신 것처럼, 마치 무신론자처럼 행동하기도 합니다.

돈 문제라든지 성의 영역, 그리고 자녀 교육 같은 이슈에서 그런 경우가 많습니다. 가령 저는 평소에 말과 글로는 급진적인 주장을 펼치면서도 자녀 교육에 있어서는 지극히 보수적인 목회자나 신학자들을 더러 보았습니다. 본질에 충실한 경건과 교회의 개혁 심지어 교육의 개혁을 줄곧 외치면서도 정작 자기 자녀들은 그저 남들처럼 국내외의 명문대에 보내는 것이 지상 목표인 것입니다.

물론 명문대에 가는 것이 문제는 아닙니다. 다만 내 자녀의 교육이라는 영역에 있어서만큼은 고민도 없고 '하나님도 없는'God-free 그리스도인들이 부지기수라는 것이 서글픈 현실입니다. 그야말로 우리가 가장 중요하게 생각하고 민감하게 여기는 영역일수록 그렇게 행동하는 경우가 흔한 것이지요. 그런데 그렇게 하면 우리는 적어도 그 특정 영역에서만큼은 미련해지기 십상입니다. 역설적으로 가장 중요한 영역에서 미련해지고 마는 거지요.

그래서 잠언은 이렇게 말합니다.

"너는 마음을 다하여 여호와를 신뢰하고 네 명철을 의지하지 말라 너는 '범사에' 그를 인정하라 그리하면 네 길을 지도하시리라." 잠3:5–6

범사에 하나님을 인정하는 것이 지혜입니다.

범사, 그야말로 내 삶의 모든 영역입니다. 사소하고 심지어 시시껄렁해 보이기까지 하는 우리의 모든 일상생활, 모든 결정과 선택 가운데에서 하나님을 인식하고 인정하는 습관을 들여야 합니다.

사이몬 챈Simon Chan의 말처럼, 우리가 하나님의 뜻을 분별하지 못하고 지혜롭게 행하지 못하는 것은 객관적인 지식이 부족해서라기보다는 잘못된 태도 곧 '범사에 하나님을 인정하지 않는 것' 때문입니다.[9]

하나님을 의식하지 않고 하나님을 인정하지 않는 영역이 진실로 손톱만큼도 없어야 합니다. 바로 그때 하나님은 우리 삶의 핸들을 오롯이 쥐시고 우리를 순적하게 지도하실 것입니다.

| 자 녀 는 하 나 님 의 것 |

자녀를 양육하고 교육하는 이 길고 험하고 혼란스러운 여정 속에서는 더더욱 그렇습니다. 무엇보다도 자녀는 내 것이 아니고 하나님의 것이라는 사실을 기회있을 때마다 상기해야 합니다. 우리의 삶 자체가 하나님의 창조물이지, 우리 자신의 창조물이 아니듯이 말입니다.[10] 그것이 혼돈의 바다를 헤쳐나가는 데 있어서 첫 번째로 해야 할 일입니다.

그 관점이 확고할 때 분명히 길이 달리 보입니다. 아니, 보이지 않았던 길도 보이기 시작합니다. 내 것이 아니고 하나님의 것이니, 자녀에게 뭘

가를 줄 때에도 '하나님의 최선'을 묻게 될 것입니다.

내 것이 아니고 하나님의 것이니, 궁극적으로 하나님이 책임저 주시고 공급해 주시리라는 믿음이 생깁니다. 하나님이 내게 맡겨주신 귀한 존재들이니 힘과 정성을 다하겠지만 나의 힘과 정성이 미치지 못하는 부분은 하나님이 해결해 주실 것입니다.

시편 기자의 이 선언이야말로 모든 그리스도인 부모들이 계속해서 곱씹어야 할 '기독교 교육 헌장'이 아닐까요?

"보라 자식들은 여호와의 기업이요 태의 열매는 그의 상급이로다."

시127:3

자식들은 내 기업이 아니라 하나님의 기업입니다. 자식들은 우상이 아니라 하나님이 나에게 선물로 주신 상입니다(어떤 상을 받았든 불평하지 마시고 다른 사람들과 비교하지도 마시기 바랍니다. 그건 선물을 주신 분에 대한 예의가 아닙니다).

자식들은 여러분 자신의 자아의 연장이 아니라 또 다른 하나의 자아이며 새롭고도 고유한 인격체들입니다. 그런 의미에서 깊이 사랑하면서도 어느 정도 마음의 거리를 두어야 하는 존재들입니다.

비유컨대, 우리는 하나님 나라라는 기업에서 회장님 되시는 하나님으로부터 철수와 영희를 위탁받아 잠시(?) 양육하고 교육시켜 공동체의 좋은 일원으로 파송해야 하는 직무를 맡은 일꾼들입니다.

열심히 일하시되, 여러분이 회장님이라도 되는 것처럼 굴 필요는 없습니다. 최선을 다하시되, 하다가 막히면 회장님께 도움을 구하면 됩니다. 모르는 것이 있으면 회장님께 묻고, 필요한 게 있으면 회장님께 당당하게 공급을 요청하면 됩니다. 그분이 다 알아서 (최선의 타이밍에 최선의 것으로) 해주실 것입니다.

왜요? 내 아이들이 사실은 다 그분의 것이니까요!

| 지혜는 하나님을 경험하여 아는 것 |

여기 '인정하다'로 번역된 히브리어는 **'야다'**입니다. '알다'라는 뜻이지요. 특히 '직접 보고 체험해서 알다'라는 뜻입니다. 그러니까 진정한 지혜는 삶의 모든 영역에서 하나님을 경험하여 아는 것으로부터 나온다는 의미를 내포하고 있습니다.

매 순간 그리고 삶의 모든 영역에서 내 삶에 개입하시는 하나님을 체험하시길 축복합니다. 그러다 보면 자연스럽게 내 삶의 길을 지도하고 계시는 하나님의 얼굴을 보게 될 것입니다.

● **하나님을 '경외함'의 두 가지 의미**

1) 이르아_ 대단한 두려움.

2) 파하드_ 보편적이고 일상적인 두려움.

질문과 묵상

1. 이 시간 스스로에게 진지하게 자문해 봅시다. "나는 평소에 얼마나 하나님을 의식하면서 살고 있을까? 하루 24시간 중에 얼마나? 일주일 7일 중에 몇 일이나?"

2. 하나님을 의식하기는커녕 마치 하나님이 안 계시는 것처럼 혼자서 고민하고 혼자서 결정하는 특정 영역이 있는지 생각해 봅시다.

3. '항상' 하나님을 의식하고 '범사'에 하나님을 인정하기 위한 여러분만의 훈련일정표를 고안해 보십시오.

"상황이 우리에게 불리하게 돌아가고 분노나 적개심이 치밀어 오를 때, 잠깐 멈추고 무슨 일이 벌어지고 있는지 스스로에게 물어야 한다. 이것이 더 큰 유익을 위한 것은 아닌가? 이 일을 통해 하나님이 당신의 뜻을 말씀하고 계신 것은 아닌가?"

- 고든 맥도날드 -

04. 성품이 냉철한 사람

잠17:27

"말을 아끼는 자는 지식이 있고 성품이 냉철한 자는 명철하니라"

하나님을 경외하는 것이 지혜의 근본입니다. 즉, 하나님을 경외하는 사람에게 **지혜**와 **명철**이 있습니다. 그런데 오늘 살펴볼 잠언은 "성품이 냉철한 자가 명철하다"고 말합니다.

그러니까 이 두 말씀을 종합해 보면, 다음과 같은 결론에 이를 수 있습니다.

"하나님을 경외하는 사람은 곧 성품이 냉철해진다."

다시 말해, 하나님은 하나님을 경외하는 사람의 성품을 빚어주심으로써, 한 사람의 성품이라는 채널을 통해서 그의 삶을 지혜로운 삶으로 이끌어 가신다는 것입니다.

우리는 흔히 내 삶에 당장 적용하거나 즉시로 써먹을 수 있는 실용적 지혜를 얻기 위해서 잠언을 찾는 경향이 있습니다. 실제로 잠언이 그렇게 사용될 수 있는 여지도 있습니다.

하지만 잠언을 그런 관점으로만 보면 잠언은 너무 불친절한 책입니다. 특정 주제에 관한 말씀들이 여기저기 파편처럼 흩어져있을 뿐만 아니라 심지어 상호 모순처럼 보이는 말씀들이 나란히 배열돼 있기도 합니다(가령, 잠언 26장 4절과 5절을 보십시오[11]).

| 잠언의 목표 |

하나님은 속성으로 써먹을 수 있는 '3분 레시피'로서 잠언을 주신 것이 아닙니다. 하나님은 우리가 잠언을 통해서 우선, 하나님이 창조하신 이 피조세계의 질서를 이해하기 원하셨습니다.

그 질서 안에 배어 있는 하나님의 성품을 깨닫기 원하셨고, 그 질서에 순응해서 조화롭게 살기 원하셨습니다.

그렇게 하루하루 살아가면서 자연스럽게 하나님의 성품을 닮아가도록 하는 것, 그래서 그렇게 형성된 성품을 통해서 자연스럽게 지혜로운 삶을 살도록 하는 것, 이것이 잠언의 목표입니다.

잠언의 목표 - 하나님의 성품을 닮아서 그 성품의 자연스러운 표현으로서 지혜로운 삶을 사는 것.

이러한 잠언의 목표를 신약성경과 복음의 관점으로는 다음과 같이 표현할 수 있습니다.

"예수 그리스도의 성품에까지 이르러서, 예수님이 지혜로운 삶을 사셨듯이 우리도 지혜로운 삶을 살도록 하는 것."

그렇기 때문에 우리가 잠언을 적용할 때는 마지막에 꼭 복음의 관점에서 한 번 필터링을 해 줄 필요가 있습니다.

아무튼, 잠언 묵상의 목표는 우리의 성품 훈련입니다. (말씀의 표현으로는) 우리의 성품을 냉철하게 만드는 것입니다. 여기 '냉철한'으로 번역된 히브리어는 '카르'인데, 문자적으로 '서늘한'이란 뜻입니다.

그러니까 성품 훈련의 기본은 우리의 성품을 서늘하게 만드는 것이라고도 표현할 수 있습니다.

| 성 품 훈 련 의 기 초 체 력 |

서늘한 성품, 무엇을 말하는 걸까요?

바로 '침착한 성품', '안정감 있는 성품'을 가리키는 것입니다. 살다 보면 우리의 성품이 열기에 휩싸일 때가 있지요. 시쳇말로 '열받을 때' 말입니다. 대개 좋지 않은 일을 겪었을 때이지요.

그래서 감정이 끓어오를 때입니다. 내 자아의 가장 깊고 어두운 밑바닥으로부터 죄성이 스멀스멀 기어 올라오는 시간입니다.

이 뜨거운 것이 밖으로 분출되면 우리는 즉각 미련한 말과 행동을 하게 됩니다. 지혜고 명철이고 온데간데없지요. 영화 〈헐크〉에서 브루스 배너 박사가 한 번 녹색으로 변하게 되면 평소의 온화한 인격이나 박사 학위 따위는 아무 짝에도 쓸모없는 것처럼 말입니다.

그래서 지혜로운 말과 행동의 기본은 늘 우리의 성품을 서늘하게 유지하는 것입니다. 특별히 우리의 감정이 끓어오를 때, 그때 급속 냉각을 시켜주는 것입니다.

| 감정의 일시정지 |

그런데 이 급속 냉각이 어떻게 가능할까요?

궁극적으로 하나님을 경외함으로써 가능합니다. 즉 하나님을 무서워하는 사람만이 자기 감정을 (최소한이나마) 다스릴 수 있습니다. 무서운 게 전혀 없는 사람은 정말 무섭습니다. 자기 감정을 폭발시키는 데 한계가 없으니까요.

좀 더 실제적으로는 이른바 '감정 조절 기술'[12]을 사용해 도움을 받을 수 있을 것 같습니다. 예일대학교 감성지능센터의 센터장을 맡고 있는 마크 브래킷Marc Brackett 교수는 이 기술의 핵심으로 '메타 모먼트Meta-Moment'라는 개념을 제안합니다.

이것은 간단히 말하면 '일시정지'입니다. 급브레이크를 밟고 화가 폭발할 것 같은 그 시간을 벗어나는 것입니다.

숨을 깊게 들이마시고 내쉬면서 열까지 세는 '마음 챙김 호흡mindful breathing'도 메타 모먼트를 위한 방법이 될 수 있습니다. 가장 중요한 것은 '최고의 자아best self', 즉 자기가 되고 싶은 가장 이상적인 자신의 모습을 떠올리는 것입니다.

다시 말해 다른 사람에게 내가 어떻게 보였으면 하는지, 어떤 평가를 듣고 싶은지에 집중하는 것입니다.

가령 여러분의 자녀가 열받게 만들 때 여러분의 '부모로서의 최고의 자아'를 속히 떠올려 보십시오. 아마도 '자상하고 친절한 부모', '오래 참고 기다려주는 부모', '따뜻하게 공감해주는 부모' 같은 것들일 것입니다.

저 같으면 거기에 하나가 더 추가되겠지요. '성숙한 목사 아빠', 이런 식으로 말입니다.

아무튼 위기의 순간에 일시 정지 버튼을 누르고 여러분이 되고 싶어 하는 바로 '그 존재'에 마음을 두는 것이 요체입니다. 할 수만 있다면 그 존재에게 말을 걸어 보십시오.

(저라면) "김목사, 이런 경우에 성숙한 목사 아빠다운 행동은 뭐라고 생각해?", "지금 내키는 대로 하고 나면 나중에 후회하지 않겠어?", 이런 식으로요.

여기에 하나님까지 의식된다면 더할 나위 없겠지요. 순식간에 마법처럼 감정이 사라지진 않는다 해도 최소한 어느 정도 감정의 온도가 낮아질 것입니다.

| 평 생 을 통 한 훈 련 |

'성품'의 사전적 정의는 '사람의 성질과 됨됨이, 성질과 품격'입니다. 그러니까 성품에는 두 가지 요소가 결합돼 있는 셈입니다. 하나는 자연적인 **'성질'**이고, 다른 하나는 그것이 다듬어져 드러나는 **'품격'**입니다.

다시 말해 선천적으로 타고난 성질이 반복된 무의식적 습관이나 혹은 의식적 훈련을 통해 하나의 패턴으로 굳어진 것이 성품입니다.

사람들은 대개 이 성품에 도덕적 판단을 내리기 마련이지요. '저 사람은 성품이 좋다, 혹은 나쁘다' 이런 식으로 말입니다. 하지만 성품은 도덕적 차원 그 이상입니다. 사실 성품의 의미를 충실하게 탐구하려면 '도덕성'이 아닌 '인간성'의 차원에서 다루어야 합니다.[13]

좀 더 신학적으로 표현하자면 '하나님의 형상으로서의 인간'입니다.

예를 들어, 어떤 사람이 '**정직한**' 성품을 갖고 있다면 그는 도덕적으로 좋은 성품을 가진 것입니다. 그런데 그 사람이 삶(하나님 나라의 확장)에 대한 '**적극성**'이 없다면 그를 온전한 성품의 사람이라고 말할 수는 없을 것입니다.

또 가령 어떤 사람이 '**온유**'한 성품을 갖고 있어서 다른 이들로부터 이 구동성으로 사람 좋다는 평을 듣는다고 해도 만일 그가 '**긍휼의 마음**'이 없다면, 저는 그가 '본래 하나님이 디자인하신 하나님의 형상으로서의 인간'과는 한참 거리가 있다고 생각합니다.

이처럼 한 사람의 성품은 그 사람의 인간성 전체를 내비치는 창의 역할을 합니다.

중요한 것은 본래 좋았던 어떤 '성질'도 오랜 시간 좋지 않은 습관을 통해 나쁜 패턴으로 고착화되면 좋지 않은 '성품'(사람들이 싫어하는 성품)이 된다는 것입니다. 반대로, 본래 좋지 않았던 어떤 성질이 오랜 시간 노력과 훈련을 통해 좋은 패턴으로 빚어지면 얼마든지 좋은 성품(사람들이 좋아하는 성품)이 될 수 있습니다.

양자 모두 시간이 꽤 걸립니다. 좋았던 성질이 나쁜 성품으로 흑화 하기까지도 시간이 걸리고, 나빴던 성질이 좋은 성품으로 환골탈태하기 위해서도 상당한 시간이 필요합니다. (좀 더 정확히 말하면) 상당한 시간과 상당한 훈련이 필요합니다.

잠언은 성품 훈련을 위한 좋은 교재인데, 그렇다고 해서 이 훈련이 몇 주 혹은 몇 달만에 마스터할 수 있는 하나의 교과목인 것은 아닙니다. 이것은 정말로 오랜 시간을 통해 삶으로 이루어지는 훈련입니다. 끊임없는 노력과 지혜, 그리고 수많은 시행착오들을 거쳐 세심하게 공든 탑을 쌓아가는 과정과 같습니다.

그야말로 '지난한 삶의 훈련'인 것입니다.

그리고 이 훈련의 기본은 감정이 끓어오를 때도 일단 멈출 수 있는 침착하고 안정된 성품을 갖는 것입니다.

● **성품에 관한 정의들**

1) "사람의 성질과 됨됨이, 성질과 품격"(국어사전).

cf) 성격 : 개인이 가지고 있는 고유의 성질이나 품성.
　　기질 : 자극에 대한 민감성이나 특정한 유형의 정서적 반응을 보여주는
　　　　　개인의 성격적 소질.
　　성질 : 사람이 지닌 마음의 본바탕.

2) "사람의 몸에 완전히 배어 있는 생각과 행동의 패턴"(톰 라이트).

3) "감정에 대해 잘 처신하거나 잘못 처신하게 해주는 것. 즉 감정에 대해 어떻게 행동하느냐 하는 것"(아리스토텔레스).

4) "한 사람의 인격의 총체로서 그(녀)의 생각, 감정, 행동의 표현" (좋은나무성품학교 이영숙 박사).

5) "개인의 삶으로 체화된 안정적이고 두드러진 성질로 상황에 관계 없이 그사람의 반응을 결정짓는 마음씨"(한국성품훈련원 황병규 대표).

● 잠언의 목표

1)구약의 관점으로 표현하면_"하나님의 성품을 닮아서 그 성품의 자연스러운 표현으로서 지혜로운 삶을 살도록 하는 것."

2)신약과 복음의 관점에서 표현하면_ "예수 그리스도의 성품에까지 이르러서, 예수님이 지혜로운 삶을 사셨듯이 우리도 지혜로운 삶을 살도록 하는 것."

질문과 묵상

1. 여러분을 가장 열받게 만드는 사람은 누구이며, 또 여러분은 어떤 상황에서 가장 감정이 끓어오르십니까?

2. 여러분이 감정을 다스리지 못해서 했던 가장 바보 같은 행동에는 어떤 것

들이 있습니까?

3. 여러분이 정말로 화가 많이 났을 때 여러분의 감정을 누그러뜨려줄 수 있는 사람 혹은 '그 무엇'이 있습니까?

Session II

훈련

"온유함은 약함이 아니다. 그것은 통제된 힘이다."

- 워렌 위어스비 -

05. 온유함

• 잠15:1

"유순한 대답은 분노를 쉬게 하여도 과격한 말은 노를 격동하느니라"

성품 훈련의 첫걸음은 유사시에도 침착함과 안정감을 잃지 않는 것입니다. 이게 안 되면 성품 훈련이 애초에 불가능하고, 따라서 지혜로운 삶도 멀기만 합니다.

반대로, 이게 되면 성품 훈련이 순조롭게 시작되고, 이제 자연스럽게 '온유한 성품'을 배양할 수 있는 토대가 마련됩니다.

온유한 성품, 온유함, 무엇을 말하는 걸까요?

(사전적으로는) '성격, 태도 따위가 온화하고 부드러운 것'입니다. 그런데 신학적으로는 이렇게 표현할 수 있습니다.

"하나님을 향해서나 자신을 향해서나 자신을 정복하는 온순함."[14]

| 온유 _ 관계에서 드러나는 온화함 |

그러니까 이것은 특별히 모든 '관계에 있어서' 자기 자신의 자아와 감정을 억누름으로써 드러나는 온화함입니다. 관계 속에 있지 않다면(외딴 섬에서 홀로 살아가는 로빈슨 크루소라면) 자아든 감정이든 억누르고 말고 할 이유가 없겠지요. 사실 온유함뿐만 아니라 제가 이 책에서 앞으로 이야기할 모든 성품의 요소들이 다 그렇습니다.

성품이란 것은 근본적으로 다른 사람들과의 '관계 속에서 드러나는' 것이고, 그리고 '관계 속에서만 다루어질 수 있는' 것입니다. 율법이 있으니까 죄가 죄인 것을 알 수 있는 것처럼(롬7:7) 관계 속에 있으니 내 성품이 좋은지 혹은 나쁜지 알 수 있는 것이지요.

그런 의미에서 **'가정'**과 **'교회 공동체'**만큼 성품 훈련에 유익한 그리고 필수적인 요소도 없습니다. 가정 안에 있다면 성품 훈련을 하고 싶지 않아도 저절로 됩니다. 친구 관계는 철이 철을 날카롭게 하는 것과 같지만(잠27:17), 가족 관계에서는 철이든 돌이든 서로 부딪치고 깎여 함께 부드러워질 수밖에 없습니다.

또 교회 공동체는 우리가 임의로 들어가거나 혹은 나오기도 하지만 여기서 경험하는 복잡미묘한 관계성이야말로 미덕을 배우고 실천하는 최고의 광장입니다.[15]

그래서 '가나안 성도'라는 사회적 현상은 적어도 성품 훈련이라는 측면에서 볼 때 썩 바람직한 모습이 아닙니다. 중요한 신학적 이슈나 양심상의 이유, 혹은 여타 피치 못할 사정이 있어서라면 모를까, 다른 성도들과 깊이 관계 맺고 부대끼는 것이 싫어서 공동체를 회피하는 것이라면 말입니다.

다시 '온유함'에 관한 이야기로 돌아와 보겠습니다.

사람이 자신의 자아와 감정을 다른 사람에게 다시 말해 '관계 안에서' 여과 없이 표출하면, 사나워질 수밖에 없을 것입니다. 그러지 않고 그걸 적절히 억제함으로써 표현되는 부드러움, 그게 바로 온유함입니다.

이 온유함에 대해서는 다음과 같은 것들을 말할 수 있습니다.

① **"온유함은 좋은 성품을 위한 '기초 성품'이자 동시에 좋은 성품의 '대표 성품'이다"**_ '기초 성품'이라는 말의 의미는 온유함이 있어야만 그 기초 위에 다른 좋은 성품들을 세워갈 수 있다는 것입니다.

그리고 '대표 성품'이라는 말은 어떤 사람이 아무리 좋은 다른 성품들을 많이 갖고 있어도 온유하지 않으면 '성품이 좋다'는 평을 받을 수 없다는 의미입니다.

② **"온유함은 예수님의 특징적인 성품이다"**_ 예수님께서 친히 이렇게 말씀하셨습니다. "나는 마음이 온유하고 겸손하니 나의 멍에를 메고 내게 배우라…"(마11:29).

우리가 진정으로 예수님의 성품을 닮기 원한다면 다른 그 무엇보다도 우선 온유한 성품을 길러야 합니다.

"겸손은요?"라고 묻고 싶으실 것입니다. 물론 예수님은 겸손하기도 하시지요. 그리고 겸손은 (조금 다른 의미이긴 하지만) 제가 이 책의 8장에서 다룰 좋은 성품의 요소이기도 합니다. 하지만 여기서 '겸손하니'라고 번역된 헬라어 **타페이노스**'는 성품의 특징으로서의 겸손이 아니라 신분이나 환경에 있어서의 낮음 혹은 초라함을 의미합니다. 그래서 이 표현의 요점은 예수님이 누구나 쉽게 다가갈 수 있는 편안한 분이라는 것입니다.[16]

결론적으로, 사복음서를 통틀어서 예수님이 직접화법으로 자신의 성품에 대해서 말한 것은 딱 한가지입니다. 바로 '온유함'입니다.

예수님은 온유하십니다. 그는 성부 하나님의 뜻과 말씀에 맞서 자신의 자아를 내세우거나 주장해 본 적이 없으십니다. 그분은 언제나 한결같이 아버지의 뜻에 순종했습니다(요8:28-29). 심지어 십자가의 극악한 고통을 목전에 두고서도 말이지요(마26:42).

또 그분은 모든 사람에게 한없이 부드럽고 친절하시며 수용적이십니다. 그의 말과 행동은 봄바람처럼 온화하시고, 죄와 악과 불의가 아니고서는 도무지 화를 내시게 만들 수 없습니다.

정말로 예수님의 성품을 닮기 원하십니까? 온유함부터 시작해야 합니다. 갓난아기의 살처럼 부드러운 마음을 가져야 합니다. 너무나 부드러워서 하나님의 말씀도 깊이 쑥 들어가고 다른 사람들의 목소리도 잘 받아들이는 마음, 말입니다. 그것뿐만이 아닙니다. 누군가 특히 나의 자녀들이 내게 배우기를 원한다면, 온유해야 합니다. 자녀든 학생이든 온유한 스승에게라야 진심으로 마음을 열고 잘 배울 수 있기 때문입니다. 예수님의 제자들은 더디 배우고 겨우 배운 것을 속히 잊어버리기로 유명했지만, 그나마라도 배울 수 있었던 것은 분명히 스승이신 예수님의 온유함 때문이었을 것입니다.

③ **"온유함은 모든 관계를 유지하고 성숙시키는데 있어서 필수불가결한 요소이다"**_ 일단 하나님과의 관계에 있어서 '온유함으로 말씀을 받아야' 합니다(약1:21). 즉, 하나님이 나에게 말씀하시는 것은 무엇이든 이의를 제기하지 않고 순순히(말 그대로 온유하게) 받아들여야 합니다.

이런 태도 없이 하나님과의 관계가 친밀해지고 깊어지기를 바라는 것은 어불성설일 뿐입니다.

다음으로, 다른 사람들과의 관계에 있어서도 범사에 모든 사람에게 온유함을 나타내기 위해 애써야 합니다(딛3:2). 쉽지 않은 일이지만 그것이 분명히 하나님의 기대입니다.

그러면 (특히 사람들과의 관계에 있어서) 온유한 성품을 기르는 방법은 무엇일까요?

관건은 '내 자아와 감정을 어떻게 억제할 것인가'하는 것입니다. 여기에는 두 가지 방향이 있습니다. 한 가지는 표면을 다룸으로써 즉각적인 효력을 꾀하는 방법이고, 다른 한 가지는 심층을 다룸으로써 중장기적으로 열매를 맺는 방법입니다.

| 온유한 성품 기르기(1) _ "언어를 다루다" |

첫째, 표면을 다루는 것은 곧 우리의 말(언어)을 다루는 것입니다. 우리의 감정을 건드려 끓어오르게 하고 화와 분노를 일으키는 것은 외부의 자극입니다. 외부의 다양한 자극들 때문에 우리는 화를 내고 분노를 표출합니다.

가장 먼저 말로 표출하지요. 그래서 무엇보다도 일단 말을 억제함으로써 화와 분노를 억제할 수 있습니다.

물론 분노가 먼저이고 분노의 말은 그것의 결과이지만, 분노의 말을 계속 내뱉으면 분노의 감정이 점점 더 상승합니다.

"유순한 대답은 분노를 쉬게 하여도 과격한 말은 노를 격동하느니라."

잠15:1

이 말씀은 일차적으로 상대의 분노, 상대의 화를 완화시키는 지혜에 관한 것입니다. 논쟁 중의 대화의 기술이라고도 말할 수 있겠습니다.

그런데 이 말씀은 나 자신의 분노와 화를 누그러뜨리는 지혜인 것도 부인할 수 없는 사실입니다. 화가 나고 분노가 느껴진다면 의식적으로 유순한 말을 해보십시오. 상대는 물론이고 나 자신의 분노부터 기세가 꺾이게 될 것입니다.

화가 나는데 어떻게 부드럽게 말을 하느냐고 반문할 수도 있을 것입니다.

네, 맞는 말입니다.

하지만 그러니까 '의식적으로' 해보라는 것이고, 그러니까 훈련입니다. 의식적으로, 작심하고, 이를 악물고 내가 시원하게 내뱉고 싶은 그 분노의 말보다 한 단계만이라도 덜 날카로운 말을 해보십시오.

화를 아예 안 낼 수 있다면 더 좋겠지만, 사실상 그것은 불가능한 것입니다. 사도 바울이 에베소서에서 '화를 내지 말라'고 명령한 것이 아니라 '화를 내더라도 죄를 짓지 말라'고 권한 이유가 그것입니다(엡4:26).

우리는 다 연약한 인간이기에 살면서 화를 아예 안 낼 수 없고, 자녀 양육이라는 고난이도의 과목에서는 더더욱 그렇습니다.

화가 날 때의 출구전략

그래서 우리가 꼭 화를 낼 수밖에 없다면 다음과 같은 가이드라인을 염두에 두는 것도 좋을 것입니다.

① **화를 내더라도 한 템포 늦춰서 내보십시오.** 단 10초만이라도 참았

다 내보십시오(잠14:29/16:32). 좋은나무성품학교의 이영숙 박사는 절제의 성품을 키우기 위한 전략의 하나로서 '1-3-10 공식'을 제안하는데[17], 다음과 같습니다.

  1 : 하던 일을 멈추고 스스로 '절제'라고 한 번 외친다.

  3 : 숨을 크고 깊게 3번 내쉰다. 후~~후~~후~~

  10 : 마음속으로 천천히 1에서 10까지 센다. 하나~~둘~~셋~~

숨을 몇 번 내쉬어야 하는지 그리고 마음속으로 몇까지 세어야 도움이 되는지는 개인마다 다를 것입니다. 하지만 모두에게 효과적인 것이 있는데 그것이 바로 '지연 전략'입니다(4장에서 이야기했던 '메타 모먼트' 개념을 기억해 보십시오).

호흡을 통해서든 숫자 세기를 통해서든 혹은 여러분만의 그 무엇을 통해서든 화내는 것을 잠시라도 지연시켜 보십시오. '파블로프의 개'처럼 즉시 반응하지 마시고 조금이라도 시간차를 두려고 노력해 보십시오. 생각보다 의미 있는 결과를 경험하게 될 것입니다.

화를 '더디' 내는 것이 지혜이고, 화를 '더디' 내는 사람이 진정한 용사입니다(잠14:29 ; 16:32).

② **화를 내더라도 의식적으로 짧게 내보십시오**. 몇 분 혹은 몇 십분 이

상 계속해서 화를 내는 것은 자기 자신에게나 다른 사람들에게 정말 치명적인 영향을 미치게 됩니다. 화를 내더라도 꼭 해야 할 말만 몇 마디 정확히 하고 멈추도록 노력하십시오.

그러기 힘들 것 같으면 아예 그 자리를 떠나는 것이 최소한의 지혜입니다.

③ 화를 내더라도 상대에게 모욕감이나 상처를 주는 표현을 가급적 삼가도록 애써보십시오. 오늘 잠언 말씀은 "과격한 말이 노를 격동한다"고 말하고 있는데, 여기 '과격한 말'이란 문자적으로 '고통을 주는 말'이란 뜻입니다.

내가 말로써 상대를 고통스럽게 하면 상대의 노를 격동시킵니다. 상대의 분노에 기름을 끼얹는 것입니다. 상대 역시 대등한 혹은 그 이상의 고통을 나에게 주려고 기회를 엿볼 것이 분명합니다.

④ 화를 내더라도 최소한 폭발시키지는 않도록 노력해 보십시오. 단순히 화를 내는 것과 화를 폭발시키는 것의 차이를 아시겠지요? 물론 그저 화를 내는 것도 온갖 부정적인 결과를 관계 위에 떨구어 놓지만, 화를 폭발시키는 것은 그야말로 파국으로 가는 지름길입니다.

그것만 피해도 관계가 나락으로 떨어지는 것을 막을 수 있습니다.

평소 그 온유함이 이 땅 위의 누구보다도 나은 사람이었던 모세(민 12:3)의 경우를 보십시오. 이스라엘 백성이 광야에서 마실 물이 없다고 원망하고 불평하자 하나님이 모세에게 뭐라고 말씀하셨습니까? "반석에게 '명령하여' 물을 내라"고 하셨습니다(민20:8). 하지만 모세는 그렇게 하지 않고 지팡이로 반석을 두 번 쳐서 식수를 뽑아 주었습니다. 백성들의 거듭된 불평에 화가 난 모세가 그 화를 폭발시킨 것이지요. 사실 모세는 화를 폭발시키기 전에 이미 말로써 화를 냈습니다.

"반역한 너희여 들으라 우리가 너희를 위하여 이 반석에서 물을 내랴?!"(민20:10).

물론 이 기록만 놓고 봐서는 모세가 화를 낸 건지 확증하기 어렵습니다. 모세의 목소리 톤을 알 수는 없으니까요. 하지만 영감을 받은 시편 기자는 모세가 '망령되게 말했다'고 이야기합니다(시106:33). (여기 쓰인 히브리어 단어는 '바타'인데, '화가 나서 고함을 지르다'라는 의미입니다.)

만일 모세가 거기서 멈췄더라면, 말에서 멈췄더라면 얼마나 좋았을까요? 모세는 결국 지팡이로 반석을 두 번 내리치는 행동으로 화를 폭발시킴으로써, 반석에게 '명령하여' 물을 내라고 하신 하나님의 명령에 불순종함으로써 가나안 땅에 들어가지 못하게 되고 말았습니다.

하나님은 우리가 화를 내는 것을 싫어하시며, 화를 폭발시키는 것은 더욱 싫어하십니다. 화를 내는 것은 결코 하나님의 의를 이루지 못합니다(약1:20).

심지어 믿는 우리가 화를 폭발시키면 하나님의 거룩함을 나타내지 못합니다(민20:12). 사람들로 하여금 하나님에 대해서 오해하게 만들고, 하나님께로 가는 길에 커다란 장벽을 놓게 됩니다.

모세가 므리바에서 범한 죄 중에 하나가 바로 이것입니다.[18] 모세는 무엇보다도 이스라엘 백성들이 다 보는 앞에서 화를 폭발시킴으로써 하나님의 거룩함(여기서는 '하나님의 온유함')을 나타내지 못했습니다("이스라엘 자손의 목전에서 내 거룩함을 나타내지 아니한 고로"민20:12).

아니 온유함을 나타내지 못한 정도가 아니라 하나님을 날카롭고 짜증스러우며 성마른 분으로 잘못 인식하게 만들었던 것입니다.

반면에 이삭을 보십시오. 온유한 이삭은 목숨만큼 소중한 우물을 세 번이나 블레셋 사람들에게 빼앗기면서도 결코 성내거나 다투지 않음으로써 결과적으로 하나님의 거룩함을 우상 숭배자들에게 드러냈습니다. 줄곧 이삭을 지켜봐왔던 블레셋 왕 아비멜렉의 외침이 그 증거입니다.

"여호와께서 너와 함께 계심을 우리가 분명히 보았으므로… 이제 너는 여호와께 복을 받은 자니라."창26:28-29

| 온유한 성품 기르기(2)_ "마음을 다루다" |

온유한 성품을 기르려면 둘째, 심층을 다뤄야 하는데 이는 결국 우리의 마음을 다루는 것을 의미합니다. 화가 나면 일단은 응급조치들을 취해서 파국을 피하고, 다음으로는 골방에 들어가서 내 마음을 관찰해야 하는 것입니다.

"나는 도대체 아까 왜 그렇게 화가 났을까?", 이렇게 자기 내면을 들여다보는 것, 이것 자체가 성숙한 성품의 표현일 뿐만 아니라 동시에 성품을 성숙하게 만드는 필수 요소입니다.

아무리 정직하게 돌아보아도 지금 내가 화난 것이 세상의 불의 혹은 악인 때문이라면 화를 냈다는 사실 자체 때문에 죄책감을 가질 필요는 없습니다.

하지만 그렇다고 해서 그 감정에 시종일관 붙들려 있어서도 안 되고, 그 감정을 애꿎은 사람한테 부적절하게 드러내는 것도 선하지 않습니다.

대신에, 이럴 때는 그 분노의 에너지를 나를 분노하게 만든 그 상황을 해결 혹은 조금이라도 개선하는 데에 사용해야 합니다. 행동하지 않고 화만 내고 있다? 그렇다면 아무리 거룩한 분노라고 해도 무익한 것입니다.

심지어 거룩한 분노의 탈을 쓴 단순한 짜증일지도 모르지요. 행동하지 않고 줄곧 화만 내고 있다면 말입니다.

분명히 거룩한 분노가 있을 수 있습니다. 하나님도 거룩한 분노를 표출하시고, 온유한 예수님도 성전을 청결하게 하면서 제법 화를 많이 내셨고, 흔히 부드러운 여성적 이미지가 투영되곤 하는 온화한 성령 하나님도 때로는 불의를 무섭게 심판하는 '소멸하는 영'(사4:4)이십니다.

간단히 말해서, 삼위일체 하나님은 오직 죄와 악 때문에 분노하십니다. 하나님의 분노는 '악을 멸망시키는 단호한 결단'이며, 그분의 사랑의 성품과 모순되지도 않습니다.[19] 오히려 하나님은 사람과 세상을 진정으로 사랑하시기 때문에 사람을 억압하고 세상을 해치는 죄와 악인들에게 분노하실 수밖에 없습니다. 이 요점을 데인 오틀런드 Dane Ortlund 보다 더 잘 표현하기도 쉽지 않을 것입니다.

> "예수님은 사랑이 너무나도 많아서 무관심하게 가만히 있을 수가 없으시다. 의로운 분노는 그분의 마음, 곧 그분의 자애로운 동정심의 발로다. 그분이 죄에 조금도 오염되지 않은 상태로 신속하게 분노하고 사납게 화를 내신 이유는 그분의 가장 깊은 마음속에 자애로운 동정심이 가득하기 때문이다."[20]

그러니 하나님의 형상으로 지음받은 인간도 얼마든지 거룩한 분노를 드러낼 수 있습니다. 아니 드러내야 합니다. 여러분이 뭔가 죄를 보거나 느꼈을 때, 그리고 악을 경험하고 악인을 대했을 때 분노 외에 달리 무슨 적절한 반응이 있겠습니까?

하지만 우리의 일상과 현실을 돌아보면 인간이 내는 많은 화와 분노가 거룩한 것과는 거리가 멀다고 말하는 것이 정확한 성찰이요 정직한 고백일 것입니다.

그렇다면 우리는 대체적으로 무엇 때문에 화가 날까요?

내 이익이나 권리, 신념이나 가치관, 안락과 편의가 침해당했을 때, 화가 납니다. (종합적으로) 나라는 존재의 인격이나 욕구가 무시당하거나 해를 입었을 때 분이 나는 거지요.

"내가 왜 이런 대접, 취급을 받아야 해?", "내가 이렇게 무시당해도 돼?", 바로 이 감정입니다.

이럴 때 어떻게 해야 할까요?

화를 내지 않기 위한 전략들

① **우선,** (앞서도 말한 것처럼) **하나님께서 이런 분노를 싫어하신다는 사실을 기억해야 합니다.** 하나님께서 싫어하시는 것을 고집하면서 인생이 순탄하기를 기대할 수는 없겠지요. 화가 나고 분을 터뜨리고 싶을 때 하나님을 기억하십시오. 하나님이 싫어하시는 이것을 절대로 하지 않겠노라고 마음에 다짐하고 또 다짐하십시오.

② **이런 분노가 철저하게 내 관계들을 망침으로써 나 자신에게 손해**

라는 사실을 잊지 말아야 합니다. 자꾸 화를 내면 사람들이 나를 멀리하게 되고, 다른 사람들의 유익한 조언이나 충고가 귀에 안 들리게 됩니다.

그리고 가장 직접적으로는 내 몸과 마음이 쇠약해집니다. 정말로 모든 면에서 손해입니다.

그러므로 화를 내봤자 순간의 감정풀이가 될 뿐 어떤 것에도 도움이 안 되는 백해무익 그 자체라고 내 마음을 이해시키십시오. 손해되는 짓 그만 하자고 마음을 설득시키십시오. (어떤 의미에서는) 무시당하고 권리를 침해당하는 것보다도 화를 내는 것이 더 손해가 된다고 마음을 다독이십시오.

③ **실제적인 노력들을 해야 합니다.** 상습적으로 화를 내게 되는 상황이 있다면 메모해 두었다가 또 다시 비슷한 상황에 처하게 됐을 때 미리 마음의 준비를 해보십시오.

"아내(남편)가 또 속을 긁어 놓겠구나. 이번엔 조금이라도 화를 덜 내봐야겠어." "아들(딸) 녀석이 또 말을 안 듣는구나. 이러다가 잘못하면 또 화를 폭발시키겠는걸? 조심해야겠어.", 이런 식으로 말입니다.

미리 마음의 준비를 했는데도 소용이 없다? 그럴 땐 상대(배우자나 자녀 혹은 누구이든)가 지금껏 나에게 잘했던 일들, 도움을 주었던 것들, 조금이라도 친절하거나 사랑스러웠던 순간들 따위를 떠올리려고 노력해 보십시오. 물론 잘 안 될 것입니다. 그(녀)가 그동안 나에게 잘 못했던 것들만 자꾸 기억나겠지요.

하지만 의식적으로 애써서 좋은 기억들을 소환해 보십시오. 이것 역시 미리 메모해 두었다가 응급 시에 꺼내어 보는 것은 어떨까요? 예를 들어 배우자나 자녀라면 얼마나 좋은 기억의 목록들이 많겠습니까? 사실 싫은 것보다 좋은 것들의 항목이 훨씬 많지요. 정상적인 가정(혹은 공동체)이라면 말입니다.

그리고 관련된 말씀들을 암송하고 늘 '하나님을 의식하는 것'이 도움이 됩니다. 아니 궁극적으로 '하나님을 믿는 것'이 관건입니다. 세상을 다스리시고 내 삶을 주관하시는 하나님에 대한 믿음이 있다면, 정말로 그런 신뢰가 있다면 분명히 하나님의 말씀에 잠잠히 순종할 것입니다. 또 다른 사람들에게 친절하기가 쉬울 것입니다. 화를 낼 만한 상황에서 화를 내지 않고 참기가 용이할 것입니다. 왜냐하면 결국 하나님이 때가 되면 다 바로잡아주실 테니까요.

정기적인 기도의 시간을 갖는 것이 우리의 믿음을 더하고 마음결을 부드럽게 하는데 매우 유익합니다. 기도하면서 온유하신 하나님과 친밀해지는 것이 필요합니다.

나아가, 주변에 있는 온유한 사람들과의 사귐에도 공을 들여보십시오. '근묵자흑'이라고 했던가요? 화를 잘 내는 사람 곁에 있으면 우리도 화를 잘 내게 되고, 온유한 사람과 주로 어울리면 어느새 온유함의 물이 우리 마음의 근원에 스며들어갈 것입니다.

| 온유한 성령이 온유한 성품을 낳는다 |

성품으로 번역되는 히브리어는 '루아흐(신2:30/잠17:27)', 그리고 '네페쉬(수22:5/왕상2:4)'입니다. 각각 바람, 호흡, 영 그리고 생명을 의미합니다. 그러니까 (성경적 세계관으로 보면) '한 사람의 영이 곧 그 사람의 성품'이라고 말할 수 있습니다.

그리고 한 사람의 성품은 마치 호흡처럼 너무나 자연스럽게 밖으로 표현됩니다. 평소에 우리의 숨이 몸 밖으로 나가는 것을 거의 의식할 수 없는 것처럼 우리의 성품도 소리없이 말과 행동을 타고 밖으로 전달됩니다.

정말로 호흡을 감추기 어렵듯이 성품도 감추기 어렵습니다.

그러니까 우리가 온유한 성품을 가지려면 궁극적으로 온유한 영을 가져야 됩니다. 그리고 온유한 영을 가지려면 무엇보다도 온유한 성령 하나님과 친밀해져야 합니다. 말씀을 매개삼아 성령 하나님과 오랜 시간 사귐을 가져야 합니다.

부부가 오랜 사귐을 통해 자기도 모르게 서로 닮아가듯이 우리는 성령 하나님과의 오랜 사귐을 통해서만 진정으로 온유한 영을 소유하게 될 것입니다.

하나님의 뜻 앞에서 즐거이 내 자아를 꺾을 수 있는 부드러운 영, 다른 사람들과의 관계 속에서 기꺼이 그들의 마음을 배려하고 필요를 수용해

주는 친절한 영 말입니다.

저는 30대 중반에 목사 안수를 받고 나이 오십에 이른 지금까지 주로 교회 안에서 성도들과 함께 살아 왔습니다. 그러니 제가 누군가에게 화를 냈던 일이라고는 (좀 과장하자면) 손에 꼽을 정도입니다. 그런데 부끄럽게도 저는 지난 평생동안 화를 냈던 것보다도 최근 몇 년 동안에 제 딸아이에게 더 많이 화를 낸 것 같습니다. 마흔한 살에 결혼해서 낳은 첫 딸, 그토록 사랑스럽던 아이인데... 이 아이가 네다섯 살 되던 무렵부터 제가 어느새 이 아이에게 버럭버럭 소리 지르고 화를 내기 시작하는 겁니다.

이유도 참 여러 가지이지요. 그중에 가장 힘들었던 것은 아이가 처음 유치원에 가기 시작했을 때였습니다. 오전엔 노란 버스를 타고 등원하고 오후에 제가 주로 픽업을 했는데, 글쎄 이 아이가 그토록(!) 집에 안 가겠다고 울고불고 하는 것입니다. 거의 한 시간 가까이 징징대고 버티기 일쑤였습니다. 아무리 달래고 을러도 소용이 없었습니다. 겨우 마음 돌이켜서 차에 태워도 집에 도착하기까지 울고 짜증내는 경우가 다반사였습니다.

유치원 선생님들 보기에도 민망했습니다. "으이그, 누가 보면 집에서 학대라도 하는 줄 알겠다..."

그날도 하원 후 한 시간 가까이 더 놀 수 있도록 기다려준 후에 겨우 차에 태웠습니다. 저는 이미 화가 많이 나 있었고, 겨우 감정을 추스르고 있었습니다. 그런데 역시나 그날도 아이는 집에 가기 싫다고 차 안에서도 계속 울고 떼를 썼습니다. 운전하면서 아무리 달래도 소용이 없었습니다. 저는 참다못해 갑자기 길 가에 차를 세우고 아이가 타고 있던 뒷좌석 문을 벌컥 열어제꼈습니다. 그리고 누가 보든 말든 고래고래 소리를 질렀습니다.

"내려 이 자식아! 집에 가기 싫으면 가지 마!"

아이는 놀래서 더 크게 울음을 터뜨렸고, 저도 화를 주체할 수 없어서 한참을 그렇게 길 위에 서 있었습니다.

아, 얼마나 부끄러운 장면인지요…

● **온유함에 관한 명제들**

1) 온유함은 좋은 성품을 위한 '기초 성품'이자 동시에 좋은 성품의 '대표 성품'이다.

2) 온유함은 예수님의 특징적인 성품이다.

3) 온유함은 모든 관계를 유지하고 성숙시키는데 있어서 필수불가결한 요소이다.

● 화가 날 때의 출구전략

1) 화를 내더라도 한 템포 늦춰서 내보십시오.

2) 화를 내더라도 의식적으로 짧게 내보십시오.

3) 화를 내더라도 상대에게 모욕감이나 상처를 주는 표현을 가급적 삼가도록 애써 보십시오.

4) 화를 내더라도 최소한 폭발시키지는 않도록 노력해 보십시오.

● 화를 내지 않기 위한 전략들

1) 하나님께서 싫어하신다는 사실을 기억하십시오.

2) 여러모로 나 자신에게 백해무익하다는 사실을 기억하십시오.

3) 자주 화를 내게 되는 사람(상황)에 미리 대비하십시오. 그래도 잘 안 된다면 그(녀)가 그동안 나에게 잘했던 일들, 도움을 주었던 것들, 친절하고 사랑스러웠던 순간들을 의식적으로 떠올려 보십시오(혹은 미리 그런 리스트를 준비해 두었다가 꺼내 읽으십시오).

묵상과 행동

1. 여러분이 화가 났을 때 잘 쓰는 표현이 있는지 곰곰이 생각해 보십시오. 그 표현들 중에 여러분의 화를 더욱 돋우는 것들 그래서 가급적 쓰지 말아야 할 표현들을 골라 종이에 적어 보십시오. 아무도 보지 않는 곳(그리고 안전한 곳)에 가서 그 종이들을 불태우십시오.

2. 가슴에 손을 얹고 왜 그렇게 화를 내는 것인지 스스로의 마음에 말을 걸어 보십시오. 너무 억지스럽지 않은 범위 내에서 최대한 여러분의 과거로 돌아가 찬찬히 성찰해 보십시오. 또, 하나님이 싫어하시고 내 자신에게도 손해이니 가급적 화를 내지 말자고 스스로에게 다짐해 보십시오.

3. 여러분이 가장 화를 많이 내는 사람, 혹은 최근에 가장 크게 화를 낸 사람에게 찾아가 용서를 구하고 다시는 그러지 않겠노라고 약속해 보십시오.

"아무리 좋은 것이라도 삶의 다른 부분을 뒤틀리게 만들 수 있다면, 그것을 하지 않을 자유가 있어야 한다. 초과 근무를 하지 않을 자유, 과식하지 않을 자유, 과장하지 않을 자유, 지나치게 조절하지 않을 자유가 있어야 한다. 절제의 자유는 좋은 삶을 살 수 있는 진정한 비법이 된다."

- 조앤 치티스터 수녀 -

06. 절제심

•• 잠25:16-17

"너는 꿀을 보거든 족하리만큼 먹으라 과식함으로 토할까 두려우니라
너는 이웃집에 자주 다니지 말라 그가 너를 싫어하며 미워할까 두려
우니라"

절제(節制)의 사전적 정의는 이렇습니다.

"정도에 넘지 아니하도록 알맞게 조절하여 제한함."

가령 화를 알맞게 조절해서 제한할 수 있으면 온유한 사람이 되는 데
도움이 될 것입니다. 이처럼 온유함과 절제심은 서로 깊은 관계가 있습
니다.

그래서 아마도 사도 바울이 성령의 열매들을 나열할 때 '온유와 절제'
라고 묶어서 표현한 게 아닌가 싶습니다(갈5:23).

아무튼, 절제는 그 대상이 무엇이든 그게 너무 지나치지 않도록 조절하고 제한하는 것입니다. 조절과 제한이 필요없는 것은 없습니다. 아무리 유익하고 좋은 것이라도 조절과 제한이 필요합니다.

| 절제가 필요없는 것은 없다 |

심지어 사랑조차도 그렇습니다. 사랑도 조절해야 되고 때로는 제한해야 합니다. 더 스위트The Sweet라는 영국 록 밴드의 노래 "사랑은 산소와 같아요love is like oxygen"의 가사 중에 이런 부분이 있습니다.

> 사랑은 산소와 같아요. 너무 많이 마시면 너무 붕붕 떠다니게 된답니다.
>
> Love is like oxygen. You get too much, you get too high.
>
> 사랑은 산소와 같아요. 충분히 마시지 못하면 죽고 말지요.
>
> Love is like oxygen.　Not enough and you're gonna die.

이 노래의 가사처럼 사랑(남녀간의 에로스적 사랑)은 산소만큼이나 중요한 것입니다. 우리 삶과 공동체에 필수적인 요소라고 말할 수 있지요. 충분히 사랑하고 충분히 사랑받지 못하는 사람은 살았다 하나 산 것이 아닌 것처럼 느낄 수도 있습니다. 심지어 문자적으로 죽음에 이르게 되기도

하구요.

하지만 이렇게 유익하고 좋은 사랑도 너무 많이 하면(절제없이 하면) 그냥 하늘을 붕붕 떠다니게 되어서 일상생활이 어려워질 수도 있다는 게 이 가사의 통찰력입니다.

그뿐만이 아닙니다. 에로스적 사랑(에로스의 대상이 아니라 에로스 그 자체)은 심지어 자주 우상화되곤 하는데, 그렇게 되면 일상생활이 좀 어려워지는 정도에서 그치지 않습니다. C. S. 루이스C. S. Lewis는 다음과 같이 경고합니다.

> "우리는 오직 하나님께만 드려야 할 무조건적 헌신을 인간적 사랑에
> 바쳐 버릴 수 있습니다. 그러면 그 사랑은 신이 될 것입니다. 그리고
> 그것은 악마가 될 것입니다. 그러면 그것은 우리를 파멸시킬 것이며,
> 그 자신 또한 파멸될 것입니다. 왜냐하면 신의 자리를 허용받은 인간
> 적 사랑은 사랑 그 자체로 남아 있을 수 없기 때문입니다."[21]

그런 의미에서 유익하고 좋지만 절제가 필요한 몇 가지를 잠깐 살펴보도록 하겠습니다.

① 먼저 이야기할 것은 **'감정'**입니다. 오늘날 우리 시대의 문화는 감정을 억누르는 것을 부정적으로 생각하고, 감정을 솔직하게 표현하는 것을

미덕으로 간주합니다. 기본적으로 동의합니다. 하지만 감정을 솔직하게 표현하는 것과 무분별하게 표현하는 것은 다른 문제입니다.

감정을 솔직하게 표현하되 적절한 타이밍과 적절한 방법으로 표현하는 것, (다시 말해) 내 감정을 표현할 시간과 방법을 조절하고 제한하는 것, 절제하는 것, 그것이 바로 지혜입니다. 그래야 나도 좋고 남도 좋습니다.

아리스토텔레스는 인간이 자신의 감정에 대해서 어떻게 반응하고 처신하는지를 보면 그 사람의 성품이 어떤지 알 수 있다고 말했습니다.

성품의 사전적 의미가 '사람의 성질과 됨됨이'인데, 사람의 성질과 됨됨이는 그 사람이 자기 감정을 어떻게 표현하고 다루는지를 통해서 드러난다는 의미입니다.

가령 완전하신 예수님의 성품은 그분의 감정과 어떤 관계가 있을까요? 예수님은 온전한 하나님이시면서 동시에 온전한 인간이셨기에 물론 여타 인간들처럼 (인간이 가질 수 있는) 모든 감정들을 갖고 계셨습니다. 다른 점은 그 감정들을 완전한 균형과 조화, 그리고 통제 속에서 표현하셨다는 것이지요.[22]

반면에 저와 여러분은 그렇지 못합니다. 우리의 감정은 (비록 그 자체는 선한 것이지만) 아담과 하와의 불순종 이래로 왜곡된 탓에 불균형과 부조화, 그리고 적절한 통제 없이 표현되기 일쑤입니다.

그러므로 우리의 감정을 무조건적으로 억압하는 것도 잘못이지만 무제한적으로 풀어놓는 것 역시 큰 실수라고 말할 수 있습니다.

② 두 번째 주제는 '**음식**'입니다. 음식 역시 좋은 것이지만 절제해야 하는 대표적인 것 중의 하나입니다. 사실 음식을 절제해야 한다는 것을 모르는 사람은 없을 것입니다.

그런데 실제로 음식 절제를 잘 하는 사람이 생각만큼 많지 않습니다. 왜 그럴까요? 물론 그 사람이 개인적으로 절제력이 부족해서 그런 것도 있을 것입니다.

하지만 감정의 경우처럼 이것 역시 오늘날에는 문화적인 문제이기도 합니다. 오늘날은 문화 자체가 먹는 것을 너무나 즐기는 문화이고, 잘 먹는 것을 칭송하는 문화입니다.

쉽게 말해서, 절제하면서 적당히 먹는 사람보다는 지나치리만큼 잘 먹는 사람을 매력적이라고 느끼는 문화이지요. TV는 물론이고 요즘 대세인 유튜브에서도 먹방이 주요 컨텐츠로 자리 잡은 지 오래입니다.

사례3

저는 한 여자 유튜버가 앉은 자리에서 햄버거 스무 개와 콜라 아홉 캔을 먹어치우는 먹방을 본 적이 있습니다. 정말 보면서도 믿기지가 않았습니다. 이 유튜버는 걸그룹에서 활동하는 현직 가수이기도 한데, 아이돌답게 예쁜 얼굴과 날씬한 몸매를 가졌습니다. 그런 외형을 가진 사람이 그런 엄청난 먹성을 보여주기 때문에 아마도 시청자들이 더욱 열광을 하는 모양입니다.

이처럼 우리의 문화 자체가 음식에 대한 절제를 하찮게 여기니 개인의 절제력도 이에 영향을 받을 수밖에 없습니다. 또 의지가 휘둘릴 뿐만 아니라 몸 자체가 속고 있다고 말할 수도 있습니다. 당뇨병 환자들의 얘기를 들어보면, 자기는 지금 너무나 배가 고픈데 막상 혈당 체크를 해보면 '적정 혈당'으로 나오는 경우가 대부분이라고 합니다. 이미 충분한 영양분이 혈관 속을 흐르고 있는데도 몸이(위가? 뇌가?) 그걸 인지하지 못한 채 음식을 더 먹으라고 아우성을 쳐대는 셈입니다.

그런데 이유야 어찌 됐건 음식을 절제하지 못하면 여러 가지 부정적 결과들이 나타납니다.

첫째, 몸에 탈이 납니다. 오늘 잠언 말씀이 예로 들고 있는 꿀을 생각해 봅시다. 사실 꿀처럼 완전한 식품도 드물지만 이렇게 좋은 꿀도 지나치게 먹으면 몸에 해롭습니다.

꿀은 명의였던 허준이 〈동의보감〉에서 '늘 먹으면 얼굴이 꽃같아지고 오래 먹으면 좋은' 음식이라고 평했지만 과잉 섭취하면 여러 가지 문제를 일으킬 수 있습니다.

어디 꿀 뿐이겠습니까? 아무리 양질의 음식일지라도 과하게 취하면 아예 먹지 않는 것만 못합니다. 오늘날 현대인들의 고질병인 각종 대사 질환(고혈압, 당뇨병, 고지혈증 등)은 음식을 절제하지 못해서 시작되는 경우가 대부분인 것을 우리 모두가 잘 알고 있지 않습니까?

사례4

저는 몇 년 전에 고지혈증 진단을 받아서 어쩔 수 없이 음식 조절을 한 지가 꽤 되었습니다. 처음에 고지혈증이라는 의사의 말을 들었을 때는 이해할 수가 없었습니다. 저는 그렇게 비만도 아니었고 기름진 음식을 즐겨 먹지도 않았으니까요.

하지만 나중에 알고 보니 제가 절제하지 못 하는(기름진 음식만큼이나 고지혈증에 영향을 주는) 한 가지가 있었습니다. 바로 탄수화물입니다. 저는 밥, 빵, 면류를 엄청 즐기는 '탄수화물 중독자'였던 것입니다. 그때 이후로 탄수화물을 굉장히 절제하고 있는데, 아직도 라면을 끊지 못해 고민이긴 합니다.

둘째, 음식을 절제하지 못하고 탐닉하기 시작하면 몸뿐만 아니라 마음에도 문제가 생깁니다. 음식은 과하게 먹을수록 다음에는 더 과하게 먹고 싶어지며, 점점 더 음식 자체에 몰두하게 만드는 경향이 있습니다.

그래서 나도 모르게 하나님 나라에 대한 관심과 열정을 사그라들게 만듭니다. 하나님 나라에 대해서 쏟아야 할 정력과 자원을 음식을 먹고 즐기는 일에 너무 많이 소비하게 만드는 거지요.

예로부터 마귀가 인간들로 하여금 먹는 일에 탐닉하게 만드는 이유가 바로 여기에 있습니다. 먹고 즐기는 것 자체는 지극히 선한 일인데 그걸 지나치게 하도록 함으로써, 절제하지 못하게 함으로써 우리의 정신을 하나님과 하나님 나라로부터 멀어지게 만드는 것입니다.

말년의 이삭과 그의 아들 에서를 보십시오. 아버지 이삭은 에서가 종종 차려주는 별식에 빠져서 하나님의 뜻("큰 자가 어린 자를 섬기리라.")을 망각하거나 혹은 무시했고(창27:1-4), 에서는 동생 야곱이 쑤고 있던 팥죽 한 그릇의 유혹을 못 이기고 장자의 명분 곧 '하나님의 복'을 가볍게 여겼습니다(창25:27-34). 사실 에서는 그가 악한 헷 족속의 딸들과 결혼했을 때 이미 실질적으로 믿음의 가문을 이끌 자격과 권리 곧 장자권을 상실했지만 말입니다(창26:34-35).

아무튼 에서는 폴 스티브스Paul Stevens의 표현을 빌리자면, '즉각적인 만족에 집착하여 미래에 가문을 이끌 리더십을 사실상 스스로 버린' 것입니다.[23] 음식이 의외로 우리의 경건과 장래에 얼마나 치명적인 걸림돌이 될 수 있는지를 보여주는 좋은 예입니다. 따지고 보면 예수님도 광야에서 맨 먼저 음식 문제로 시험을 받으셨고, 첫 사람 아담과 하와도 음식을 매개로 유혹을 받은 것이라고 말할 수 있습니다.

프레드릭 뷰크너Frederick Buechner가 '탐식'에 대해서 다음과 같이 풍자하는 것도 같은 맥락입니다.

"탐식하는 자는 영적인 영양실조를 치료하기 위해 냉장고를 덮치는 사람이다."[24]

잊지 마시기 바랍니다. 하나님의 나라는 먹는 것과 마시는 것에 있지 않습니다(롬14:17).

③ 세 번째로 이야기할 것은 **'관계'**입니다. 이상하게 들릴 수도 있겠지만 심지어 관계에도 절제가 필요합니다. 오늘 잠언은 우리가 관계를 만들고 돈독하게 할 때 흔히 하는 행위 하나를 묘사합니다. '이웃집에 다니는 것'입니다.

이웃집에 다니고 이웃과 사귀는 것? 너무나 좋은 일 아닙니까?

하지만 이 너무나 좋은 일에도 절제가 필요하다는 것이 지혜자의 조언입니다. 무절제하게 아무 때나 찾아가서 초인종을 누르면 어떤 이웃도 좋아할 리가 없다는 것이지요.

또, 관계에 있어서 이런 무절제의 악영향은 이웃이 싫어하는 데서 그치지 않습니다. 관계에 있어서 이런 무절제는 일종의 중독인 바, 내 삶의 중심을 무너뜨리는 지경에까지 이를 수도 있는 것입니다.

요즘에는 SNS에 중독되어 있는 사람들이 많은데, 이런 사람들은 SNS상에서 맺고 있는 관계 그리고 그 플랫폼 안에서 주고받는 소통 행위가 잠시라도 없으면 견디지 못하는 경우가 많습니다. 사실 이런 것을 진정한 소통 행위라고 말할 수 있는지도 의문이긴 하지만 말입니다.

가령 이 시대 청년들의 가장 지배적인 SNS인 인스타그램을 생각해 봅시다. 이 플랫폼 역시 다른 미디어들처럼 기본적으로 타인과의 소통을 위한 툴^{tool}들이 존재합니다. 남의 게시물에 '좋아요'를 누를 수도 있고 댓글을 달 수도 있으며 특정 인플루언서^{influencer}를 팔로우할 수도 있습니다.

하지만 제가 보기에 이 플랫폼은 기본적으로 (관계를 위한 것이라기보다는) 일방적인 자기애의 전시장인 것 같습니다. 자신이 지금 얼마나 좋은 핫플레이스에서 얼마나 매력적인 사람들과 함께 얼마나 멋진 시간들을 보내고 있는지 과시하는 장 말입니다. 저도 한 때 호기심에(?) 잠시 이 플랫폼을 사용했었는데 단 한 번도 제 얼굴이 못나게 나온 사진이나 비루한 일상을 적나라하게 표현한 글을 올려본 적이 없습니다.

한 문화평론가의 말처럼 인스타그램에는 절망이 없는데, 이것은 그것 자체로 나 자신에 대한 거대한 환상의 체계 그 이상도 그 이하도 아닌 것입니다. 그렇게 멋진 순간들이 우리 삶에 분명히 존재하지만 내 삶이 주로 그런 이미지들로 구성되어 있는 것처럼 꾸미는 것은 또 다른 문제이지요.

나아가 하루 종일 그런 환각적 이미지들을 만들어 내고 그것들을 게시하는데 몰두하며 타인의 시선을 의식하면서 사는 삶은 삶을 사는 것이 아니라 삶을 박탈당하고 있는 것이라고 말해도 과언이 아닐 것입니다.[25]

그야말로 모든 일에 있어서 절제가 필요합니다. 내 삶을 구성하는 요소가 100개라고 한다면 100개의 영역 모두에서 절제해야 합니다. 99개의 영역에 있어서 절제하고 단 한 가지 영역에서 무절제하다면 괜찮은 걸까요? 나는 99점일까요?

그렇지 않습니다.

처음에는 그럴 수 있지만 시간이 흐를수록 무절제한 단 하나의 영역이 내 삶의 나머지 영역 모두에 심각한 해를 끼칠 수 있습니다. 말년의 이삭은 음식을 탐하는데 있어서 절제하지 못함으로써 결국 하나님과의 관계에 있어서의 온유함(하나님의 뜻을 순순히 순종함)을 잃어버리지 않았습니까?

팀 켈러Timothy Keller의 표현대로 삶의 어느 한 부분에서만 무절제해도 그건 생사를 좌우하는 문제가 될 수 있는 것입니다. [26]

| 절제하기 어려운 것일수록 절제하라 |

잊지 마시기 바랍니다.

삶의 모든 영역에 있어서 절제가 필요합니다. 특히 좋은 것일수록, 좋아하는 것일수록 더 절제해야 합니다. 감정, 음식, 관계... 다 얼마나 좋은 것들입니까? 원리상 좋은 것일수록 절제하기가 어려우니까 좋은 것일수록 더 힘써 절제해야 합니다.

성도 그렇습니다. 그 무엇보다도 좋고 매력적인 것임에 틀림없습니다. 이것은 남자와 여자가 존재의 가장 깊은 중심에서 서로를 만남으로써 어느 순간 나라는 존재를 잊어버릴 만큼 황홀한 행위입니다. (의식하든

의식하지 못하든) 존재 그 자체가 사랑이신 삼위 하나님의 관계성을 표현하는 즐거운 영적 퍼포먼스입니다. 정신적, 육체적으로 충분히 성숙한 성인들을 위해 하나님이 고안하신 흥미로운 놀이이기도 합니다(단순히 생육과 번성을 위한 통로가 아니라).

하지만 그렇기 때문에 마귀가 유혹하기 쉬운, 그래서 우리가 탐닉하거나 자칫 선을 넘기 쉬운 영역입니다.

성경이 그어 놓은 선이 무엇입니까?

바로, 죽음이 갈라놓을 때까지 영원히 함께하기로 언약한 안전한 '결혼 관계'인 것입니다.

지식도 그렇습니다. 지식은 얼마나 좋은 것입니까? 지식이 우리 삶에 얼마나 필수적인 것입니까? 지적으로 뭔가 깨달았을 때 오는 쾌락이 얼마나 강렬합니까? 바로 그렇기 때문에 마귀가 지적인 사람들을 부추기는 것입니다. 계속, 끊임없이 지식을 위한 지식을 추구하라고, 지식 그 자체에 몰두하라고...

반면에 성경은 어떻게 말하고 있습니까? 지식에 절제를 더하라고 말합니다(벧후1:6). 쉽게 말해 공부도 적당히, 아니 적절히 하고 지식과 행함의 균형을 맞추라는 의미입니다. 저는 개인적으로, 갈수록 "내가 아직도 모르고 있는 것이 무엇일까?"보다 "내가 이미 알고 있는데 행하고 있지 않은 것이 무엇일까?"를 고민합니다.

물론 이것이 지적인 게으름의 핑계가 돼서는 안 되겠지만요.

| 부모로서의 절제 |

마지막으로 '**부모로서의 절제**'에 대해서 잠깐 생각해 보려고 합니다. 어떤 부모든 자기 자녀에 대해서 기대치가 있습니다. 학업의 성취도에 있어서는 물론이고 성품(윤리적 성취?)에 있어서도 마찬가지입니다.

'내 아이가 이러이러한 성품을 가진 아이로 자랐으면 좋겠다' 하는 바람이 있습니다.

사실 부모에게 그런 기대치가 없다면 애초에 이런 성품 훈련이라는 주제로 생각하고 말고 할 이유도 없겠지요.

아무튼 모든 부모에게는 자녀의 성품이나 성격에 대한 기대치가 있는 바, 이에 대한 절제가 필요합니다. 저부터가 좋은 성품의 요소로서 8가지나 제안하고 있지만, 우리 자녀들이 이 모든 성품들을 다 완벽하게 갖추기를 기대하기는 애초에 어렵습니다.

생각해 보십시오. 부모이자 성인인 우리도 이렇게 온전하고 균형 잡힌 성품의 소유자가 아닐진대, 아직 미완성의 어린 자녀들이 어떻게 매 항목마다 A+를 받을 수 있겠습니까?

요점은 자녀들이 훌륭한 성품을 갖기를 바라는 '부모의 욕망'에 있어서도 절제가 필요하다는 것입니다. 모두 다 갖추면 최고이겠지만 그중에 한두 가지만이라도 충족하다면, 아니 발전을 보여준다면 그것만으로도 만족할 수 있는 마음의 여유가 필요합니다.

사례5

저는 제 첫째 딸아이가 일곱 살 되던 무렵부터 이 문제로 씨름했습니다. '다른 건 몰라도 이것만은 지켜야 되는 규칙'이 몇 가지 있었는데 (가령 밥 먹을 때 돌아다니지 않기, 동생이랑 싸울 때 얼굴 때리지 않기, 엄마 아빠가 말할 때 대놓고 불순종하지 않기 등...), 딸아이가 여전히 이 규칙들을 잘 지키지 않을 뿐만 아니라 언제부터인가 노골적으로 반항(?)을 하기 시작하는 것입니다. 그래서 이 문제로 아이에게 화를 많이 냈는데, 아무리 화를 내도 그때 뿐, 아이는 도무지 나아질 기미가 보이지 않았습니다. 저는 점점 더 크게 화를 내기 시작했고, 화를 크게 냈다는 사실 자체로 마음이 더 어려워졌습니다. 그런 날이면 밤에 괴로워하며 회개기도를 할 수밖에 없었습니다.

하지만 개가 그 토한 것을 다시 먹듯이(잠26:11) 저는 다음날이면 어김없이 또 같은 문제로 아이에게 화를 내고 밤에 후회하며 회개하기를 반복했습니다. 그렇게 양육의 깊은 바다에서 허우적대고 있던 어느 날 밤, 새벽에 갑자기 잠을 깼는데 하나님께서 저에게 부드럽게(화를 내지 않으시고!) 말씀하셨습니다.

"내가 너에 대해서 기준을 아주 많이 낮춰준 까닭에 너에게 구원의 길이 열렸는데... 넌 왜 그렇게 유하에게 높은 기준을 요구하니?"

저는 충격을 받았고, 부끄러움과 민망함을 느꼈습니다. 하나님의 말씀이 옳다고 인정하지 않을 수가 없었습니다. 결국, 저는 제 딸아이에 대해 그동안 고집했던 여러 기준들을 모두 내려놓기로 결심했습니다. 그 결심을 아내와 딸아이에게 선포했구요. 그렇다고 방목하진 않겠지만 적어도 지금보다는 더 관용하고 기다려주는 아빠가 되기로 다짐했습니다.

그렇게 다짐한 지 어느덧 1년이 지났습니다. 지금도 문득 제 안에 아이들의 좋은 성품에 대한 지나친 기대와 욕망이 꿈틀거릴 때가 있습니다. 절제의 영 성령께 SOS 신호를 보내야 하는 순간이지요.

| 절제는 의지의 문제(?!) |

이제 절제심을 기르는 방법에 대해서 생각해 보겠습니다.

일단, 절제하는 것이 여러모로 유익하다는 것을 충분히 이해하고, 그 사실을 틈나는 대로 상기하는 것이 도움이 될 것입니다. 하지만 이것은 궁극적으로 우리의 의지를 단련하는 문제입니다. 몰라서 절제를 못한다기보다는 절제할 수 있는 의지력이 약해서 못하는 것이기 때문입니다.

그러면 의지는 어떻게 단련될까요?

의지는 우리의 욕망 혹은 욕심과 씨름하는 과정을 통해서 단련됩니다. 본래 우리의 욕망은 의지의 말을 들어야 합니다. 몸도 의지의 지시를 순순히 따라야 합니다. 의지가 우리 자아의 최고 사령관입니다.[27] 하나님께서 본래 인간을 그런 구조로 창조하셨습니다.

그런데 인간의 타락 이후로 이 구조와 질서가 혼란에 빠졌습니다.

그래서 의지의 단련은 (달리 표현하면) **'혼란에 빠진 자아의 질서를 회복하는 것'**입니다. 의지가 자아의 최고 사령관으로서 흔들림 없이 제 역할을 하게 하는 것입니다.

어떻게 그렇게 할 수 있을까요?

우리의 의지를 하나님의 의지에 복종시키면 됩니다. 그러면 점차적으로 우리의 의지가 강해지고, 단련되고, 궁극적으로 의지 본연의 리더십을 되찾게 됩니다.

| 하나님의 의지에 복종하기 |

마지막으로 생각해 봅시다. 그러면 우리는 어떻게 우리의 의지를 하나님의 의지에 복종시킬 수 있을까요?

전통적인 영성 훈련의 방법들이 도움이 됩니다. 바로 여기가 성품 훈련과 영성 훈련이 만나는 지점입니다. 기독교적인 성품 훈련을 제대로 하려면 영성 훈련이 반드시 필요한 것입니다.

사실 이것은 성품의 정의상 너무나 당연한 것입니다. 저는 앞선 5장에서 성경적 세계관에 의하면 '한 사람의 영이 곧 그의 성품'이라고 말했는데, 이 정의대로라면 영성 훈련이 곧 성품 훈련이라고까지 말할 수도 있을 것입니다.

하지만 우리가 체감하기에 좀 다른 부분이 있는 것도 사실입니다. 영성 훈련이 성품 훈련을 위해 꼭 필요한 것이 사실이지만 그렇다고 해서 두 가지를 동일시하기는 어렵습니다. 영성이 좋은 사람이 성품이 좋은 경우도 많지만 그렇지 않은 경우도 심심찮게 볼 수 있습니다. 은혜받고 성령체험했다고 해서 당장 드라마틱하게 성품이 바뀌는 경우도 없습니다.[28]

또 기독교적인 영성이 없어도 성품이 좋은 사람을 얼마든지 만나볼 수 있습니다. 물론 그런 좋은 성품을 기독교적인 이상 곧 '그리스도의 성품에까지 이른 것'으로 보기는 어렵겠지만요.

아무튼 우리가 지금 다루고 있는 성품 훈련의 최고 목표는 '우리의 영을 그리스도의 영께 맞추어 형성해 가는 것'이고[29], 이것은 장시간 아니 평생을 통해 진행되는 일련의 진지한 과정입니다. 매일매일 예수님과 동행하고 순종하며 그분과 협력함으로써 진정한 성품의 변화가 일어납니다.

이 오랜 과정의 기본 요소로서 고전적인 영성 훈련의 방법들이 반드시 필요한 것입니다.

그리고 저는 그중에서 특별히 의지의 변화와 관련해서(물론 전반적인 성품 형성에도 큰 영향을 미칩니다) 가장 보편적인 몇 가지를 간단히 이야기해 보려고 합니다.[30]

| 의지가 다루어지는 영성훈련들 |

① '**예배**'_ 예배만 잘 드려도 의지가 단련되고(다루어지고) 절제심이 길러집니다. 왜냐하면 예배란 본질적으로 나 자신을 높이고 싶은 내 의지를 꺾고 하나님만을 높이는 것을 훈련하는 시간이기 때문입니다.

또 예배란 기술적으로도 매 순간순간 세상의 유혹과 나의 욕망의 소리에 마음을 두고자 하는 의지를 누르고 영광스러운 창조주 하나님과 그분의 사랑 그리고 예수 그리스도의 구속의 은혜에 주목하는 것을 습관화하는 기획이기 때문입니다(예배자들이 어떻게든 예배의 전 과정에 좀 더 능동적으로 참여할 수 있도록 고안한다면 이 효과는 더욱 커질 것입니다).

② '**기도**'_ 예배의 일부분이기도 한 기도를 제대로 하면 나 자신을 의지하려는 고집스러운 내 의지를 꺾고 하나님을 의지하는 훈련이 됩니다. 끊임없이 세상의 중심이 되고자 하는 내 자아의 의지를 물리치고 하나님의 역사하심을 인내하며 기다리는 법을 배울 수 있습니다.

특히 '쉬지 않고 하는 기도', '매일 정해진 시간에 규칙적으로 하는 기도'가 더욱 효과적입니다.

물론 기도를 잘 못할 수도(본래의 취지를 왜곡하여 할 수도) 있습니다. 그러면 하나님을 내 욕망을 성취하는 수단으로 바라봄으로써 내 자아만 더 강해질 수도 있습니다.

③ '**섬김, 나눔, 봉사**'_ 이것은 나 자신의 필요를 먼저 채우려는 본능적인 내 의지를 억누르고 이웃을 사랑하라는 하나님의 의지에 순종하는 훈련이 됩니다. 내 수중에 있는 것으로 내 욕구를 먼저 만족시키려는 너무나도 자연스러운 자아의 요구를 거스르는 것입니다.

아니 거스르는 정도가 아니라 자기중심적인 타락한 죄성에 심오한 충격을 줌으로써 혼란에 빠져있는 자아의 질서에 새로운 방향성 곧 '새 하늘과 새 땅의 정신'을 부여하는 것입니다.

또한 이 모든 행위들은 근본적으로 공동체라는 맥락 안에서 이루어지는 것이기 때문에 언제나 성실과 협력 그리고 인내를 필요로 함으로써 굉장한 자기 부인의 통로가 됩니다(빌2:1-4).

④ '**금식**'_ 금식은 먹고자 하는 가장 원초적이고 강력한 내 의지에 정면으로 맞서는 행위입니다. 이 급진적인 행동을 통해 직접적으로 음식에 대한 절제를 훈련할 수 있을 뿐만 아니라 전반적인 성품 훈련의 기회로 삼을 수 있습니다. 금식하는 동안에 엄습할 수 있는 짜증과 무기력에 성숙하게 대처하는 것만으로도 말이지요.

그리고 무엇보다도 금식을 통해 하나님의 영적인 공급을 경험함으로써 내 의지가 하나님을 더욱 신뢰하게 만들 수 있습니다.

물론 발만 살짝 담그는 식의 금식이 아니라 제대로 하는 금식이어야 합니다. 그럴 때 우리는 생명의 원천이 밥과 빵이 아니라 하나님의 말씀인 것을 '체험하여 알게' 됩니다(마4:4).

이런 훈련들을 통해서 처음에는 '마지못해 하나님의 의지에 복종하는' 단계로부터 차츰차츰 '기쁘게 하나님의 의지와 내 의지가 동화되는' 지경을 향해 나아가게 됩니다.

마지못해 하나님의 의지에 복종 ⇨ 기쁘게 하나님의 의지와 동화

방향성은 분명합니다. 진실한 그리스도인이라면 누구나 이 트랙을 따라 움직이게 됩니다. 하지만 아무 의식 없이 그냥 살아도 그렇게 되는 것은 아닙니다. 하루하루, 매 순간순간 나 자신의 원초적인 욕망과 치열하게 싸울 때만 그런 방향으로 나아갈 수 있습니다.

매 순간 이겨야 된다는 뜻이 아닙니다. 그럴 수는 없습니다. 불가능한 일입니다. 하지만 최소한 씨름해야 합니다. 엎치락뒤치락할 수 있습니다. 때론 질 수도 있습니다.

중요한 것은 너무 쉽게 내 욕망의 손을 들어줘서는 안 된다는 것입니다. 로완 윌리암스Rowan Williams의 표현처럼 너무 무비판적으로 여러분의 자아를 인정해서는 곤란합니다.[31]

가끔 욕망에게 진다고 하더라도 여전히 리더십은 의지가 갖고 있어야 합니다. 그럴려면 욕망에게 '가끔' 져야 합니다. 너무 쉽게, 안일하게, 습

관적으로 지면 내 욕망이 내 의지를 다스리는 참사 곧 하극상이 일어나게 됩니다.

| 의지를 돕기 _ 환경 조정 |

절제는 궁극적으로 의지의 문제입니다. 하지만 의지에게만 이 무거운 짐을 지우는 것은 좀 가혹한 처사이지 않을까요? 우리는 우리의 환경을 지혜롭게 세팅해 놓음으로써 상당 부분 의지를 도울 수 있습니다.

가령 SNS에 대한 절제를 위해서 이런 식으로 환경을 조정할 수 있을 것입니다.[32]

- 특정 애플리케이션을 한 번 사용한 후에는 반드시 삭제해 놓아서 다음 번에 사용하려면 다시 다운로드해야 하는 번거로움이 있게 한다.
- 자주 사용하는 애플리케이션이 스마트폰의 첫째 화면에 노출되지 않도록 잘 숨겨 놓는다.
- 특정 애플리케이션을 사용할 때 가족이나 친구에게 이렇게 약속하고 시작한다. "나 이거 10분만 할게."

이런 방법들이 좀 우스꽝스럽게 느껴질 수도 있겠지만, 아무튼 유혹적인 상황을 방치해 놓고서 모든 걸 의지 책임으로 돌리는 것은 정말로 바보 같은 처사입니다.

| 욕망과의 씨름판에 올라가기 |

온유함이 성령의 열매이듯이 절제심도 성령의 열매입니다. 그래서 궁극적으로 성령과 친밀해야만 매사에 절제가 잘 됩니다.

어느 정도로 친밀해져야 하냐면, 내 의지가 곧 성령의 의지이고 성령의 의지가 곧 내 의지가 되는 정도까지 친밀해져야 합니다. 그 정도가 되면 사실상 모든 순간 모든 일에 있어서 완전한 절제가 가능해질 것입니다.

그야말로 마음껏 '올바른 것들을 올바르게 원하는' 참 자유의 수준에 도달하는 것이지요.[33]

하지만 아마도 죽을 때까지 이런 경지에까지 이를 수는 없겠지요?

그렇지만 아무튼 이것이 우리의 비전이요 기도 제목이 되어야 합니다. 그리고 이 비전의 성취를 위해서 매일 내 욕망과 씨름해야 합니다. 어서 씨름판으로 올라가서 여러분의 의지를 훈련시키십시오.

● 절제심을 기르고 우리의 의지를 하나님의 의지에 복종시키는 방법

1) 예배_ 여러분 자신을 높이려는 본능적 의지를 내려놓고 전심으로 하나님을 높이는데 몰두해 보십시오.

2) 기도_ 내 삶을 나 스스로 책임지겠다는 옛 자아의 의지를 꺾고 내 삶의 주도권을 하나님께 내어놓는 것을 연습하십시오.

3) 섬김, 나눔, 봉사_ 내 앞가림하기도 바쁘지만 의식적으로 "네 이웃을 사랑하라"고 말씀하시는 하나님의 의지에 순종해 보십시오.

4) 금식_ 가끔은 하나님의 영적인 공급을 경험함으로써 식욕으로부터 자유함을 누리고 내 의지가 전적으로 하나님을 신뢰할 수 있도록 해보십시오.

묵상과 기도

1. 여러분의 삶에 있어서 가장 절제가 안 되는 영역은 어떤 것이 있는지 생각해 봅시다. 그리고 그것을 절제하기 위해서 여러분의 환경을 어떻게 지혜롭게 세팅해 놓을 수 있을지 고민해 봅시다.

2. 고전적인 영성훈련의 방법들(예배, 기도, 섬김과 나눔과 봉사, 금식 등) 중에서 여러분이 더욱 헌신해야 할 훈련은 어떤 것이 있는지 묵상해 보

십시오.

3. 절제의 영이신 성령님께 '내가 가장 절제가 안 되는 영역이 무엇인지' 말
  씀드리고 도움을 요청하는 기도를 드리십시오. 또, 여러분의 의지와 하나
  님의 의지가 기쁘게 동화되는 경지에 이르게 해달라고 기도하십시오.

"중요한 것은 그분의 말씀을 듣는 것, 우리 자신이 인도받는 것, 그분이 우리를 부르신 대로 모든 위험 부담을 감수하고 그 모험에 과감하게 직면하는 것이다. 인생은 하나님이 지휘하시는 모험이다!"

- 폴 트루니에 -

07. 적극성

● ● ● 잠14:4

"소가 없으면 구유는 깨끗하려니와 소의 힘으로 얻는 것이 많으니라"

저는 앞서 그리스도인이 배양해야 할 첫 번째와 두 번째 성품으로서 온유함과 절제심을 들었습니다. 그런데 '온유'와 '절제'하면 어떤 이미지가 떠오르시나요?

조용하고, 유유자적하고, 뒷짐 진 조선시대 선비 같은 이미지 아닌가요? 말하자면 잔잔한 호수 같은 이미지이지요. 맞는 매칭입니다.

하지만 그렇다고 해서 온유와 절제가 소극성을 가리키는 것은 아닙니다. 온유하고 절제하면서도 얼마든지 삶에 대해 적극적인 태도를 가질 수 있습니다. 또, 가져야 합니다.

그것이 잠언과 성경 전체가 일관되게 우리에게 기대하고 원하는 바입니다.

오늘 잠언 말씀은 두 종류의 삶을 대조합니다.

소가 있는 삶 VS. 소가 없는 삶

① **소가 없는 삶**_ 이것은 조용하고 깨끗하고 정리정돈이 잘 되어있는 삶을 의미합니다. 삶이 주는 도전이나 압박, 스트레스가 적은 삶이지요. 그야말로 한가롭고 평온한 삶을 가리킵니다.

생각해 보십시오. 집 안에 소가 없으니 성가실 일이 없습니다. 소의 뒤치다꺼리를 할 필요가 없지요. 구유에 여물을 채워 넣을 일도, 소가 먹은 후에 설거지할 일도, 소의 똥오줌을 처리할 일도, 소의 성장과 건강을 신경 쓸 일도 없습니다.

얼마나 편하고 좋은가요? 하지만 이런 삶은 물론 소 때문에 힘든 것도 없지만 소 때문에 좋을 것도 없는 삶입니다.

② **소가 있는 삶**_ 이 삶은 소 때문에 뭔가 정신은 없지만, 소를 돌보느라 늘 신경 쓰고 수고를 많이 해야 하지만 소의 힘으로 얻는 것이 많은 삶입니다. 무엇보다도 소는 밭을 갈아주지 않습니까? 소가 밭을 갈아줘야 농작물을 얻을 수 있는 것이지요.

다시 말해 이 삶은 '비록 좀 어질러져 있지만 생산적인 삶'을 가리킵니다. 도전하고 시도하느라 이런저런 시행착오를 겪고 실패도 경험하지만 그래서 속상하고 스트레스도 받지만, 아무튼 뭔가 만들어내는 삶입니다. 뭔가 일구어내고 뭔가 열매를 맺는 삶, 바로 그것입니다.

| 하나님의 적극성 |

이 두 종류의 삶 중에 성경이 지지하는 것은 어느 쪽일까요? 바로 '소가 있는 삶'입니다. 잠언과 성경 전체는 분명히 우리에게 소가 있는 삶을 권합니다. 확실히 그것이 기독교적인 삶입니다.

뭔가 실수해도 좋습니다. 당연히, 실패할 수도 있습니다. 하지만 그럼에도 불구하고 하나님은 우리가 적극적으로 살기 원하십니다.

왜 그럴까요?

무엇보다도 하나님 자신이 굉장히 적극적인 분이시기 때문입니다. 하나님이 적극적이시지 않았다면 애초에 왜 세상을 창조하셨겠습니까?

창조하면 인간들이 그 창조를 망쳐놓을 것이 뻔하고 뒷수습하느라 맘상할 것이 분명한데 말이지요.

또 하나님이 적극적이시지 않다면 타락한 인간을 구원하시기 위해서 독생자 예수 그리스도를 왜 냄새나는 구유에 보내셨겠습니까?

이 구원의 역사가 성취되기까지 얼마나 많은 오해와 방해를 극복해야 하고 얼마나 많은 피와 땀과 눈물을 흘려야 할지 그 누구보다 하나님 자신이 가장 잘 아실 텐데 말입니다.

| 소 를 키 우 지 않 는 이 유 |

어떤 사람들은 소가 없어도 살만하기 때문에 굳이 자기 삶에 소를 들여놓지 않습니다. 또 어떤 사람들은 소가 있는 삶은 젊었을 때 추구하는 것이라고 치부하고, 노년이 되면 당연히 소를 자기 삶에서 내보내기 원합니다.

마지막으로, 많은 사람들이 소가 있는 삶을 원하되 두려움 때문에 실행하지 않습니다. 그렇습니다. 두려움이야말로 적극적인 삶을 사는 데 있어서 큰 장애물입니다.

예수님의 달란트 비유를 생각해 봅시다. 한 달란트 받은 종이 적극적으로 장사하지 않은 이유는 두려움 때문이었습니다. 그런데 그는 무엇을 두려워한 것일까요?

자기가 주인의 기대에 부응하지 못해서 책망받을 것을 두려워했습니다(마25:24-25). 말하자면 그는 주인의 성품을 오해하고 있었던 셈입니다.

그가 생각하는 주인은 '말도 안 되는 수익률을 원하고 그에 부응하지 못할 때 가차 없이 자기 종을 처벌하는 사람'이었습니다. 이건 주인에 대한 큰 오해이자 동시에 엄청난 모욕이기도 하지요.

사실 주인은 수익률에 관심이 없습니다. 종들이 아무리 대단한 수익을 거두어 온들 자신의 부에 별 의미가 되지 않을 만큼 큰 부자이기 때문입니다. 주인은 이미 각각의 종들이 어느 정도의 성과를 낼지 알고 있었습니다.

그래서 각자의 능력(힘)에 맞게 각각 다섯, 둘, 한 달란트를 맡긴 것이지요.

주인이 원한 것은 종들의 성과물이 아니라 그들의 책임감이었습니다. 주인이 얼마를 맡겨 주셨든, 그거 어차피 다 주인의 것이니까 주인의 이익을 위해서 최선을 다하는 책임감!

│ 하나님의 이익 │

달란트 비유의 요점은 '우리가 얼마나 하나님의 이익, 관심사에 관심이 있는가, 헌신하는가'하는 것입니다. 장사나 사업을 잘 해서 돈을 많이 벌라는 것이 아닙니다. 가진 재능을 썩히지 말고 잘 활용하라는 것도 핵심이 아닙니다.

그런 게 아니라 "하나님의 이익에 관심을 가져라! 하나님의 관심사에 헌신해라!", 이것입니다.

그러면 하나님의 이익은 무엇이고 그분의 관심사는 어디에 있을까요? 저는 이렇게 표현하고 싶습니다.

하나님 나라의 확장!

(구체적으로는) 사람들이 한 명이라도 더 예수 그리스도를 알고 구원받는 것이지요. 사람들이 조금이라도 더 예수님의 성품을 닮아가는 것입니

다.

나아가 이 사회에 정의와 공의가 강물처럼 흐르는 것, 공동체 안에서 가난하고 억울하고 연약한 사람들을 돕고 보살피는 것과 같은 것들입니다. 톰 라이트[N.T.Wright]의 말을 들어 보십시오.

> "기독교의 가장 큰 미덕은 바로 창조주이자 생명을 주시는 하나님이 친히 보여주시는 사랑이기 때문에, 그리스도인 개개인과 교회는 주변에서 일어나는 현상을 눈여겨보는 습관을 길러야 하고, 기뻐하는 자들과 함께 기뻐하고, 슬퍼하는 자들과 더불어 울며, 무엇보다도 어디서든 사랑과 위로와 치유와 소망을 가져다줄 기회를 열심히 찾아야 한다."[34]

오늘 잠언 말씀의 요지는 바로 이런 이슈들과 관련해서 열심히 뭔가 해보라는 것입니다.

그것이 전도이든 목회나 선교이든, 정의구현을 위한 노력이든, 빈민구제이든, 문화 사업이든, 비즈니스 선교이든 그 무엇이든 우리가 가진 재능과 물질과 시간 및 모든 자원들을 총동원해서 아무튼 뭔가 열심히 해보라는 것입니다.

복음을 전하고, 어디서든 사랑과 위로와 치유와 소망을 가져다줄 만한 비즈니스를 모색해 보라, 이것입니다.

하나님은 우리의 수익률에 관심이 없으십니다. 대신, 우리가 얼마나 마음을 다해 최선을 다하는지에 주목하십니다. 우리가 최선을 다하기만 하면, 적극적으로 소가 있는 삶을 살면 하나님은 우리에게 먹을 것도 주시고, 그리고 영적인 열매도 반드시 허락하십니다.

영적인 사역, 하나님 나라의 사역에 실패란 없습니다. 실수는 있을 수 있지만 궁극적으로 실패는 없습니다. 결코 망하거나 파산하지 않습니다. 애초에 이 비즈니스에는 그런 개념 자체가 없습니다.

그러므로 여러분 모두가 창업하셔도 좋습니다. 받은 달란트(은혜)의 무게에 걸맞게 열심히 장사해 보십시오.

삶에 대한 적극성은 기질의 문제일 수도 있습니다. 외향적인 사람들이 유리할 지도 모릅니다(사실 외향적인 사람들이 사회생활은 물론이고 신앙생활 아니 교회생활에 있어서도 환영받고 인정받는 것이 현실입니다).

하지만 하나님 나라에 대한 적극성은 본질상 기질과 상관이 없습니다. 외향적인 사람이 하나님 나라에 무관심할 수도 있고, 내향적인 사람이 하나님 나라에 열정적일 수도 있습니다.

사실 하나님 나라에 대한 적극성은 하나님과의 관계성으로부터 나옵니다. 하나님이 어떤 분인지 잘 알고(한 달란트 받은 종처럼 오해하지 않고) 하나님과 친밀하고 하나님의 격려와 지지와 응원을 받는 사람은 적극적으로 모험하면서 살게 돼있습니다.

좀 어질러지더라도 소가 있는 삶을 추구합니다. "어떻게 하면 우리 주님이 기뻐하시는 일을 좀 더 해 볼까?", 궁리하면서 살게 됩니다.

우리 모두가 그런 삶을 살게 되기를 바랍니다. 소가 있는 삶, 하나님의 이익을 위해서 부지런히 장사하는 삶 말입니다.

| 현숙한 여인의 생산성 |

잠언 31장에는 현숙한 여인이 나오는데, 이 여인이야말로 소가 있는 삶의 훌륭한 본보기를 보여줍니다. 사실 (개역개정성경에서) '현숙한 여인'으로 번역된 히브리어 표현은 '에세트 하일'로서 문자적으로 '힘 있는 여인'입니다. (원어의 어감을 살려서) '능력있는 여인', '다재다능한 여인' 등으로 번역해도 좋을 것 같습니다.

아무튼 이 여인은 사실 모든 것이 너무나 완벽해서 요즘 말로 하자면 '넘사벽' 혹은 '사기캐'입니다.

혹시라도 여성들이 이 여인을 보고 열등감을 가질 필요는 없습니다. 현실 속의 어떤 여인도 이 여인처럼 모든 것을 갖출 수가 없고, 반대로 현실 속의 모든 여인들의 모든 미덕의 총합이 바로 이 여인의 캐릭터라고 말할 수 있기 때문입니다.[35]

그럼에도 불구하고 여인들은 물론이고 모든 그리스도인들이 이 이상적인 여인의 삶을 보고 도전을 받을 수 있습니다. 삶의 적극성이란 점에 있어서도 그렇습니다.

이 여인은 그야말로 엄청나게 생산성 있는 삶을 살고 있습니다. (현대적인 표현으로 좀 각색해 보자면) 이 여인은 우선 의류 제조업체의 사장님입니다 (13,18-19절). 직원들을 두고 있을 뿐만 아니라 본인이 직접 제작에 참여하기도 합니다. 거기에 포도원도 하나 경영하고 있으며 틈나는 대로 가치 있는 부동산을 물색해서 투자도 하는 부동산 사업가입니다(16절). 심지어 지역사회 안에서 경제적으로 어려운 사람들을 적극적으로 돌보는 사회 사업가이기도 합니다(20절).

가족을 먹일 값싸고 좋은 식자재가 있다면 먼 곳에 가서 조달해 오는 수고를 마다하지 않습니다(14절). 아침에 일찍 일어나고 밤에 늦게 자는 부지런한 여인입니다(15,18절).

이 외에도 여인의 미덕은 많지만 '소가 있는 삶'이란 관점에서만 정리해 봐도 이 정도입니다.

그런데 중요한 것은 이 여인이 이렇게 소가 있는 삶을 추구하는 이유가 자신의 만족을 위해서가 아니라는 사실입니다. 물론 이 여인이 자기 자신을 위해서 전혀 투자하지 않는 것은 아닙니다. 자신의 경제력에 걸맞게 최고급 의상을 갖춰 입기도 하고 여인으로서의 관능미를 가꾸는 데도 소홀하지 않습니다(22절).

그렇지만 잠언 31장을 전체적으로 보면 이 여인의 주된 관심이 어디에 있는지 분명히 알 수 있습니다. 그녀는 무엇보다도 남편과 자식들 그리고 집안사람들을 위해서 일하며, 나아가 공동체의 곤고하고 궁핍한 사람들을 위해서 열심을 냅니다(11,20절).

| 경외함, 용기와 열정의 샘 |

이 여인이 대체 무엇 때문에 이렇게 열심히 사는 걸까요? 이 여인의 '소가 있는 삶'을 떠받치고 있는 가장 근원적인 내면의 동기는 무엇일까요?

바로 '여호와를 경외함'입니다(30절).

이 여인은 여호와를 경외하기 때문에 다시 말해 하나님을 두려워하기 때문에 다른 것들(가령 '미래에 대한 불확실성'_25절)이 두렵지 않습니다.

하나님과의 좋은 관계성으로부터 이 모든 용기와 열정이 샘솟는 것입니다.

하나님을 사랑하고 하나님의 소원을 따라 이웃들을 사랑하기에 도무지 멍하니 주저앉아 있을 이유가 없는 것입니다. 얼마나 해야 할 일도 많고 투자할 것도 많고 경영할 것도 많은지요!

그러므로 소가 있는 삶을 원한다면 우리 안에 또 다른 거듭남이 일어나야 합니다. 하나님의 소원과 우리의 소원이 의기투합해서 진정으로 새로운 마음, 새로운 자아가 탄생해야 하는 것입니다.[36]

우리 모두에게 이런 복이 있기를 소망합니다.

● 잠언이 대조하는 두 가지 삶

1) 소가 없는 삶_ 조용하고 깨끗하고 정리정돈이 잘 되어있는 삶. 삶이 주는
도전이나 압박, 스트레스가 적은 삶. 그야말로 한가롭고 평온한 삶.

2) 소가 있는 삶_ 비록 좀 어질러져 있지만 생산적인 삶. 도전하고 시도하느
라 이런저런 시행착오를 겪고 실패도 경험하지만 그래서 속상하고 스트
레스도 받지만, 그럼에도 불구하고 뭔가 만들어내는 삶. 뭔가 일구어내고
뭔가 열매를 맺는 삶.

질문과 묵상

1. 여러분의 삶은 '소가 있는 삶'에 가깝습니까? 아니면 '소가 없는 삶'에 가깝습
니까? 만약 소가 없다면, 왜 없습니까? 왜 여러분은 소를 키우지 않습니까?

2. 여러분의 타고난 기질은 외향성에 가깝습니까 아니면 내향성에 가깝습니
까? 여러분의 기질이 여러분의 신앙생활에 어떤 영향을 끼친다고 생각하
십니까?

3. 그동안 살면서 여러분이 '하나님 나라의 확장'에 기여한 바가 있다면 어떤
것들이 있을까요? 또, 앞으로 어떤 부분에 더 헌신할 여지가 있을까요?

"우리는 우리 자신과 자녀들의 정신적·영적 건강을 성취할 수 있는 기술을 배워야 한다. 내가 여기에서 강조하고 싶은 것은 우리 자신과 자녀에게는 고통을 겪는 것이 필요하고 (그것이) 가치가 있다는 사실과 문제에 맞서서 고통을 체험해야 할 필요가 있다는 사실을 알게 하자는 것이다."

- 스캇 펙 -

08. 겸손함

•••• 잠15:33

"여호와를 경외하는 것은 지혜의 훈계라 겸손은 존귀의 길잡이니라"

'겸손'의 사전적 정의는 다음과 같습니다.

"남을 존중하고 자기를 내세우지 않는 태도(가 있음)."

더불어 그런 겸손함이 없이 잘난체하며 방자하고 버릇이 없는 것을 '교만'이라고 합니다. 쉽게 말해서, 겸손이 없으면 교만이고 교만이 없으면 겸손인 셈입니다.

그리고 오늘 잠언 말씀은 바로 이 겸손이 '존귀의 길잡이'라고 말합니다. (다시 말해서) 어떤 사람이 겸손한 성품을 갖고 있으면 그 겸손한 성품이 끝내는 그 사람을 존귀한 위치로 이끌어 준다는 뜻이지요.

그런데 이것은 전혀 예외가 없는 절대 진리를 말하는 것이 아니라 (잠언 말씀들이 대부분 그렇듯이) 일반적인 원리를 진술하는 것입니다.

실상을 보면 물론 겸손한 사람이 결국엔 잘 되고 높은 위치에 올라가는 경우도 많지만, 반대로 한껏 교만한 사람이 끝까지 승승장구하는 경우도 역시 많기 때문입니다.

아무튼, 그러면 겸손한 사람은 왜 (일반적으로) 결국엔 잘 되는 것일까요? 왜 겸손한 사람이 궁극적으로 존귀한 위치에 오르게 될까요? 그 해답은 오늘 말씀 33절의 상반절에 있습니다.

"여호와를 경외하는 것이 지혜의 훈계라..."

무슨 말일까요? 33절의 상반절과 하반절은 의미상 어떻게 연결되는 것일까요? 이렇게 연결됩니다.

"겸손한 사람은 여호와를 경외한다. (여호와를 경외하지 않는 사람은 다른 어떤 특징을 갖고 있다고 해도 사실은 진실로 겸손한 것이 아닙니다.) 그리고 여호와를 경외하는 사람은 지혜에게 훈계를 받는다. (다시 말해) 지혜가 훈계할 때 그것을 받아들인다. 그렇기 때문에 겸손한 사람은 결국 잘 되게 되어있다. 일반적으로."

겸손, 훈계를 받아들이는 것

그러니까 요점은 '훈계'에 있습니다. 겸손한 사람은 훈계를 받아들이는 사람입니다. 겸손의 기본적인 특징은 자기를 낮추고 남을 높이며 남이 자기를 무시해도 노여워하지 않는 것이지요.

그런데 오늘 잠언 15장 33절이 말하는 겸손의 특징 혹은 겸손의 의미는 바로 '훈계를 받아들이는 것'입니다.

그러면 훈계란 또 무엇을 말하는 것일까요? 훈계의 사전적 의미는 '타일러서 잘못이 없도록 주의를 줌, 또는 그런 말'이라고 되어 있습니다. 그런데 우리의 실생활에서 훈계의 뉘앙스는 아무래도 혼을 내는 것입니다.

오늘 잠언에서 훈계로 번역된 히브리어 **무싸르** 역시 일차적으로 혼을 내고 책망하는 것을 의미합니다.

하지만 무싸르의 의미는 여기에서 멈추지 않습니다.

이 단어는 혼을 내고 책망하는 것에서 더 나아가 '훈련하고 교정하는 것'까지 그 의미가 확장됩니다. 내가 뭔가 잘못하면 일단 혼나고 책망받습니다. 그리고 그 책망받은 부분에 대해서 반복적으로 훈련해서 마침내 고치는 것입니다. 바로잡는 것입니다. 교정하는 것이지요.

그것이 바로 잠언이 말하는 훈계의 온전한 의미입니다.

오늘 지혜자가 하고 싶은 말의 요지는 겸손한 사람만이 그 무싸르를 받아들인다는 것입니다. 받아들이는 척하는 것이 아니라 진심으로 수용

한다는 것입니다. 그래서 겸손한 사람은 결국엔 잘 될 수밖에 없는 것입니다.

왜냐면 계속해서 자기의 잘못된 부분, 미련한 부분을 고쳐나가기 때문에...

혹시 주변에 훈계해주는 사람이 없습니까? 그건 좋지 않은 일입니다. 마음 편하기는 하겠지만 결코 좋지는 않은 상황입니다. 여러분이 성장하고 온전해져서 존귀해질 수 있는 통로, 채널이 없는 셈이기 때문입니다.

그런 의미에서 절실하게 기도해야 합니다.

"주님, 저를 훈계해 줄 사람을 늘 제 곁에 두시옵소서!"

사례6

저는 한 교회의 담임 목사이고 한 가정의 가장입니다. 그래서 제 주변에 저를 훈계해 줄 만한 위치에 있는 사람이 많지 않습니다. 저에게 별로 좋지 않은 환경이지요. 그래서인지 하나님은 가끔 제 어린 자녀들을 통해서 저를 훈계하기도 하십니다.

하루는 여덟 살 된 딸, 다섯 살 된 아들과 함께 자동차로 외출을 나가는 길이었습니다. 그날따라 아들이 출발할 때부터 계속 심통을 부리기 시작했습니다. 운전을 하면서 여러 번 달랬는데도 칭얼거리기를 그치지 않았습니다. 평소보다 운전할 때 더 예민해지는 편이라 저도 모르게 아들을 협박했습니다.

"자꾸 이러면 너 혼자 집에 두고 와버린다(?)" 협박이 통했는지 아들은 일단 징징거림을 멈췄습니다.

그런데 그 순간 옆에 앉은 딸아이가 저에게 이렇게 말하더군요. "아빠, 방금 동하한테 한 말은 너무 심한 거 아니에요?" 저는 순간 당황했지만 딸의 말이 맞다고 생각했습니다.

그래서 즉시로 사과했습니다. "그래, 아빠가 방금 한 말은 좀 심했다. 미안하다 동하야, 미안해 유하야…"

하나님은 이처럼 때때로 어린 자녀들을 통해서도 우리를 훈계하십니다. 이럴 때가 부모로서 당황스러운 순간이기도 하지만 동시에 굉장한 찬스이기도 합니다. 정당한 훈계를 들었을 때 그것을 수용하고 사과하는 모범을 자녀에게 보여줄 수 있는 찬스 말입니다.

| 자녀를 훈계해야 하는 이유 |

우리가 가져야 할 성품, 그리고 우리 자녀들에게 반드시 길러줘야 할 성품 중의 하나는 겸손함입니다. 즉 훈계를 기꺼이 받아들이는 태도입니다. 잠언 기자는 훈계에 대해서 이렇게도 말합니다.

"훈계 받기를 싫어하는 자는 자기의 영혼을 경히 여김이라. 견책을 달

　게 받는 자는 지식을 얻느니라."잠15:32

　여러분은 정말로 여러분의 영혼이 귀하다고 생각하십니까? 당연히 그렇겠지요? 또 당연히 그러셔야 합니다. 그건 분명한 사실이기도 하니까요(마16:26).

　아무튼 그렇다면 훈계를 달게 받아야 합니다. 훈계 받지 않아도 될 만큼 완벽하게 탁월하고 완전하게 성숙한 사람은 그 어디에도 없습니다. 다 자란 어른들도 그리고 부모들도 여전히 그들의 내면 어딘가에 어린아이가 숨어 있습니다.[37]

　그런 의미에서 지금 내 삶에서 훈계 받아야 할 부분, 훈련되어야 할 부분은 어떤 것이 있는지 곰곰이 생각해 보시기를 바랍니다. 존 스토트John Stott의 다음과 같은 분류가 도움이 될 것입니다. [38]

- 신체적 성숙 : 건강하게 잘 발달된 신체를 지님.

- 지적 성숙 : 훈련된 지성과 일관성 있는 세계관을 지님.

- 도덕적 성숙 : 연단을 받아 선악을 분별함(히5:14).

- 정서적 성숙 : 인간 관계를 잘 맺고 책임을 감당할 수 있는 균형잡힌

　　　　　　인격을 지님.

- 영적 성숙 : 예수 그리스도를 예배하고 신뢰하고 사랑하고 순종 함

으로 그분과 성숙한 관계를 맺음.

또, 여러분은 여러분 자녀들의 영혼을 귀하게 여기십니까? 두말하면 잔소리이겠지요?

그렇다면 기꺼이 자녀를 훈계해야 합니다. (좀 더 신약적인 표현으로는) 견실히 '징계'해야 합니다. 모름지기 사랑하는 자녀를 징계하지 않는 부모란 있을 수 없습니다(히12:7). 특별히 자녀에게서 부족함이 아니라 죄성의 징후가 보일 때 단호하게 그렇게 해야 합니다. 잠언은 이 점에 있어서 한 치의 양보도 없습니다.

> "매를 아끼는 자는 그의 자식을 미워함이라 자식을 사랑하는 자는 근
> 실히 징계하느니라."잠13:24

여차하면 매를 들라는 말이 결코 아닙니다. 여기서의 '매'는 자녀에게 일정 정도 육체적 고통을 줄 수 있는 다양한 방법들(물론 체벌을 포함해서 격리나 제한적인 자유의 박탈 같은 것들)을 포괄합니다. 이 구절이 자녀를 훈계함에 있어서 '육체적 훈계'를 염두에 두고 있는 것은 확실하지만 그렇다고 해서 '과도하거나 가혹한 체벌' 즉 폭력을 의미할 수는 없습니다.

매(육체적 징계)는 분명히 사랑하는 자녀에게 하나의 고통이지만 자녀에게 전혀 징계의 고통을 주지 않는 것이야말로 장차 자녀에게 더 큰 고

통을 안겨주는 일종의 방임 혹은 학대라는 것이 지혜자의 취지입니다. [39]

잠언은 징계를 싫어하는 자가 짐승과 같다고 말합니다(잠12:1). 여기 '짐승과 같다'라고 번역된 히브리어는 **'바아르'**인데, 말 그대로 짐승만큼 이나 앞뒤 분간을 못 하는 '바보 천치'를 가리킵니다. 훈계 받기 싫어하고 훈련받기 싫어하는 사람의 미래에는 소망이 없다는 의미입니다.

부모의 적절한 훈계를 받고 잘못된 점을 교정 받아본 경험이 없는 자녀들이 사회에 나가면 어떻게 될까요? 집 안에서 마냥 꿀만 빨던 아이들이 신 식초나 쓴 약을 감당할 수 있을까요?

사회는 우리의 자녀들을 결코 자녀로서 보지 않고 다만 사회의 한 구성원으로서 볼 뿐입니다. 잘못하면 징벌하고 부족하면 도태시키면 그만인 냉정한 세계인 것입니다.

그것뿐만이 아닙니다. 내 자녀를 천둥벌거숭이 같은 상태로 사회에 내보냈을 때 미래에 내 자녀로 인해 상처받고 피해를 입을 수 있는 다른 가정의 자녀들도 생각해 줘야 마땅합니다. 우리는 흔히 자녀들에게 나쁜 친구들이랑 어울리지 말라고 주의를 주지만, 내 자녀 역시 누군가의 자녀에게 나쁜 친구가 될 수 있다는 사실을 잊어서는 안 됩니다. 역지사지의 태도가 절실히 요청되는 대목입니다. 왜냐하면 그것이야말로 진정한 이웃사랑이기 때문입니다(마22:39).

이 모든 까닭에 더욱 부모인 내가 먼저 훈계 받고 훈련받는 일에 모범을 보여야 합니다. 이것을 삶의 자연스러운 일부분으로 끌어안아야 합니다. 그럴 때 자연스럽게 내 자녀에게도 제대로 된 훈계를 할 수 있을 것입니다.

사례7

저희 가족이 어느 주일에 중국 음식점에서 외식을 하던 날이었습니다. 옆 테이블에는 중학교 1,2학년 정도로 보이는 남학생 셋이 자리를 하고 있었습니다. 그런데 그 나이 또래의 남학생들이 으레 그렇듯이 큰 목소리로, 그것도 욕설을 섞어가며 자기들끼리 신나게 떠들고 있었습니다. 저는 잠시 고민하던 끝에 어린 아이들이 있으니 욕설은 좀 삼가 달라고 말했습니다.

그러자 두 명의 학생은 즉시 "아 네, 죄송합니다"라고 반응했습니다. 하지만 나머지 한 아이는 짜증이 나는 듯 말없이 저를 노려보았습니다. 다행히 다른 두 학생이 그 친구를 달래서(?) 별다른 상황은 벌어지지 않았습니다.

저는 처음에는 기분이 별로 좋지 않았지만 그러고 보니 기분이 좋지 않기는 이 아이들도 마찬가지이겠구나 하는 생각이 들었습니다. 모처럼 친구들끼리 휴일에 맛있는 걸 먹으러 왔는데 알지도 못하는 어른한테 느닷없는 훈계를 들은 셈이니까요.

이 아이들한테 뭔가 보상을 해줘야겠다는 마음이 들었습니다. 죄송하다고 말한 두 아이나 기분은 나쁘지만 그래도 꾹 참고 어른의 말을 들어준 나머지 한 아이나 모두 자격이 있다고 생각했습니다. 저는 슬쩍 밖으로 나가서 아이들 테이블에 탕수육 한 접시를 주문해 주었습니다.

잠시 후 저희 테이블과 아이들 테이블에 각각 음식이 나왔는데, 아이들은 자기들이 주문하지 않은 음식이 더 나오자 의아해했습니다. 저는 최대한 부드러운 말투로 이렇게 말했습니다. "응, 아까 미안해서 아저씨가 사주는 거야, 맛있게들 먹어." 아이들은 당황스러운 표정이었지만 그래도 싫지 않은 기색이었고, 결국 음식을 깨끗하게 다 해치웠습니다. 그리고 나가면서 탕수육 잘 먹었다고 깍듯이 인사하더군요.

저는 흐뭇했습니다. 그리고 빙그레 웃으며 속으로 말했습니다. "그래, 그렇게 말해줘서 고맙다 애들아, 아까 그 탕수육은 훈계를 잘 받아들여준 것에 대한 작은 보답이야."

| 하나님의 훈계 VS. 내 훈계 |

자기 자신에 대해서나 자녀들에 대해서 훈계하지 않는 것은 크나큰 실수입니다(훈계를 잘 받아들여준 아이들에게 아무런 보상도 해주지 않는 것을 포함해서!). 자신도 자녀도 망치는 것이지요. 그런데 이에 못지않은 반대편 실수가 있습니다. 바로 '잘못 훈계하는 것'입니다.

'잘 훈계하는 것'은 어떻게 하는 것일까요?

하나님의 훈계로 훈계하는 것입니다(엡6:4). 그러니까 잘못 훈계하는 것은 '하나님의 훈계'가 아닌 '내 훈계'로 훈계하는 것이라고 말할 수 있습니다.

내 훈계? 무엇일까요?

내 기분이 상했다고 해서 하는 훈계이지요. 훈계를 빙자한 화풀이를 말합니다. 자녀의 유익을 목표로 하는 훈계가 아니라 내 감정을 못 이겨서 하는 훈계, 그것이 바로 '내 훈계'입니다.

부모가 이렇게 훈계하면 (아무리 그럴듯한 명분을 주장해도) 자녀들은 금방 알아차립니다. 그것이 단순히 부모의 감정 풀이라는 것을요. 그리고 상처받고 노여워합니다. 억울해하고 분을 품게 되지요.

　　"또 아비들아 너희 자녀를 노엽게 하지 말고…"엡6:4

결국 훈계가 소기의 목적을 달성하기는커녕 엄청난 역효과를 내게 됩니다. 말하자면 '교육의 탈을 쓴 학대'가 되는 것입니다.

부모들은 자녀들을 주님의 교훈과 훈계로 양육해야 합니다. 그럴려면 부모가 먼저 주님의 교훈과 훈계에 익숙해져야 하지요. 부모가 먼저 주님께 훈계 받고 훈련받는 사람이어야 한다는 말입니다.

하나님은 우리 곧 당신의 모든 자녀들을 말씀으로 훈계하십니다. 그리고 한 가지 더, 여러 가지 삶의 역경들을 통해서 훈계하시고 훈련시키시지요. 물론 모든 역경들이 다 하나님의 훈계의 방편인 것은 아닙니다.

하지만 하나님이 훈계하시기 위해서 종종 쓰라린 역경들을 사용하시는 것도 부인할 수 없는 사실입니다.

아무튼, 하나님의 이런 훈계와 훈련에는 악한 동기가 전혀 없습니다. 우리에게 모욕을 주시거나, 우리의 고통을 즐기시거나 하는 따위의 동기가 눈곱만큼도 없습니다(히12:10).

하나님은 오직 우리의 유익을 위해 우리를 훈계하십니다. 징계하시고, 철저하게 훈련시킴으로써 단련시키십니다. 그래서 마침내 우리 삶에 의와 평강의 열매들이 주렁주렁 맺어지게 하시는 것입니다(히12:11).

이 모든 주님의 훈계의 과정을 부모가 먼저 체험해서 알고 '훈계의 기술'을 익혀야 합니다. 주님이 나를 훈계하시듯이 나도 내 자녀를 훈계해야 하는 것입니다.

내가 먼저 하나님께 혼도 나보고 교정 받아봐야 합니다. 그 열매가 얼마나 달콤한지를 맛본 경험이 있어야 합니다. 그랬을 때 더욱 확신과 소망을 가지고 내 자녀들에게 똑같이 '주님의 훈계'를 베풀 수 있을 것입니다. 인격적으로, 지혜롭게, 큰 그림을 그리면서 말이지요.

| 훈 계 를 끌 어 안 는 사 람 의 복 |

하나님은 겸손한 사람을 높이시고(벧전5:6), 은혜를 베푸시며(약4:6 ; 벧전 5:5), 그리고 사랑하십니다.

왜 그러실까요? 겸손이 뭐 그렇게 대단한 미덕이길래 하나님의 사랑과 은혜와 특혜가 겸손한 사람에게 집중될까요?

겸손한 사람은 하나님의 훈계를 기쁘게 받아들임으로써 하나님의 하나님 되심을 인정해드리기 때문입니다. 즉 겸손한 사람이 하나님과의 관계가 바른 것이기 때문입니다.

애정이 뚝뚝 묻어나는 시선으로 하나님이 여러분을 보기 원하십니까?

그렇다면 진실로 겸손해져서 하나님의 훈계를 기꺼이 받아들이십시오.

무엇보다도 정기적으로 말씀을 펼치고 깊이 묵상하며 하나님의 음성에 귀를 기울이십시오. 말씀을 멀리하는 사람은 도무지 하나님께 훈계받고 교정 받을 길이 없다는 것을 잊지 마십시오(딤후3:16).

말씀을 듣고 묵상하고 기도하는 과정을 통해 들려오는 하나님의 훈계를 가볍게 여기지 마십시오. 더불어, 꾸지람 좀 들었다고 해서 낙심하지도 마십시오(히12:5).

또 하나님이 여러분 곁에 두시고 종종 사용하시는 '사람의 매와 인생의 채찍'(삼하7:14)을 소중하게 여기십시오. 그들 때문에 때로는 크고 작은 굴욕감을 느낄 수도 있습니다. 하지만 자존심이 상하고 마음이 괴롭더라도 훈계를 끌어안으십시오. 뼈를 깎는 심정으로 고치고 교정 받으십시오. 오랜 시간을 두고 반복해서 훈련하십시오.

나아가 우리 자녀들도 나와 같이 겸손해져서 이와 같이 훈계 받을 수 있도록 지혜롭게 양육하십시오. 기회 있을 때마다 교만이 얼마나 위험한 것인지 가르쳐 주십시오(잠16:18). 교만한 마음이 그 자체로 얼마나 불행한 마음인지 잘 알려 주십시오.

마침내 부모와 자녀가 함께 존귀함에 이르게 될 것입니다.

● **훈계에 대한 (성경적) 정의**

"뭔가 잘못했을 때 일단 혼나고 책망받는 것. 그리고 그 책망받은 부분에 대해서 반복적으로 훈련해서 마침내 고치고 바로잡고 교정하는 것."

질문과 묵상, 기도와 행동

1. 여러분은 그동안 살면서 누군가에게 훈계를 받아본 적이 있습니까? 훈계 받았을 때 어떻게 반응했습니까?

2. 지금 여러분의 삶에서 훈계 받아야 할 부분, 훈련받고 교정되어야 할 부분 이 있는지 생각해 봅시다. 그것을 노트에 적어보고, 그 리스트를 붙들고 기도합시다.

3. '하나님의 훈계'가 아닌 '내 훈계'로 자녀를 훈계했던 적이 있는지 기억해 보고, 생각나면 자녀에게 사과하고 용서를 구해 보십시오.

"기도는 하늘의 축복을 받고, 노동은 땅에서 축복을 파낸다.
기도는 하늘에 차고 노동은 땅에 차니,
이 둘이 당신의 집에 행복을 실어다 준다."

- 몽테뉴 -

09. 부지런함

●●●●● 잠6:6

"게으른 자여 개미에게 가서 그가 하는 것을 보고 지혜를 얻으라"

이번 장도 사전적 정의를 먼저 살펴보면서 시작하겠습니다.

부지런함 : 어떤 일을 꾸물거리거나 미루지 않고 꾸준하게 열심히 함.
게으름 : 행동이 느리고 움직이거나 일하기를 싫어하는 성미나 버릇.

결국 게으름이 없으면 부지런한 것이라고 말할 수 있습니다. 그래서 게으름의 특징들을 정리해 보고 그 요소들을 우리의 마음과 삶에서 줄여 가면 자연스럽게 부지런한 성품을 길러갈 수 있을 것입니다.

① **게으름은 욕망의 문제다**_ "게으른 자의 욕망이 자기를 죽이나니 이

는 자기의 손으로 일하기를 싫어함이니라"(잠21:25).

게으른 사람은 왠지 의욕이나 욕망이 없어서 게으른 것 같지만, 그렇지 않습니다. 게으른 사람도 욕망이 있습니다.

어떤 욕망일까요?

편하고 싶은 욕망입니다. 정신적으로나 육체적으로나 편안하고 싶은 욕망... 자신의 정신과 육체에 뭔가 압박감을 주기 싫어하는 욕망...

게으른 사람은 (모든 사람이 어느 정도는 다 가지고 있는) 이 욕망이 지나쳐서 자기 손으로 일하기를 싫어합니다. 기본적으로 대부분의 일과 노동은 인간의 정신과 육체에 일정 정도 이상의 부담을 주기 마련이니까요.

그런데 편안함에 대한 욕망 자체가 나쁜 것은 아닙니다. 그것이 과도한 것이 문제이지요. 그러면 어떻게 해야 이 욕망을 다스릴 수 있을까요?

| 경쟁하는 욕망들 |

다른 것에 대한 욕망, 가령 사랑하는 사람들을 행복하고 풍요롭게 해주고 싶은 욕망, 우리 사회를 더 의롭게 만들고 싶은 욕망 같은 것들이 더 커지면 됩니다. 건전하고 선한 다른 욕망들이 내 마음을 채우면 편안함에 대한 욕망이 적절하게 조절될 수 있습니다.

사도 바울의 욕망을 보십시오. 바울은 빌립보서에서 자신이 두 개의 욕망 사이에 끼었다고 표현합니다.

"내가 그 둘 사이에 끼었으니 차라리 세상을 떠나서 그리스도와 함께 있는 것이 훨씬 더 좋은 일이라 그렇게 하고 싶으나 내가 육신으로 있는 것이 너희를 위하여 더 유익하리라."빌1:23-24

사도 바울은 지금 노구에 감옥에 갇혀 몹시 고생스러운 말년을 보내고 있는 중입니다. 그러니 그 어느 때보다도 편안함과 안락함에 대한 욕구가 강렬해 질 수밖에 없는 상황입니다. 바울은 진실로 이제라도 죽어서 사랑하는 주님 곁에 편안히 머무르기를 욕망합니다.

그런데 그 욕망보다 좀 더 강한 욕망이 바울의 생의 의지를 붙들어 주며 그로 하여금 움직이게 만들고 있는 것입니다. 바로, (빌립보) 교회의 유익을 위해 여러모로 섬기고 싶은 욕망입니다.

편안함에 대한 욕망도 작지 않지만 교회를 돕고 싶은 욕망이 좀 더 커서 그냥 주저앉아 있을 수가 없다는 것입니다.

② **게으름의 모토는 '좀 더'이다_** 게으른 사람들의 모토는 다음과 같습니다. "좀 더 자자, 좀 더 졸자, 좀 더 누워있자"(잠6:10).

게으른 사람들이 처음부터 작정하고 게으른 경우는 그리 많지 않습니다. 대개는 아주 조그만 빌미로부터 시작해서 결국엔 게으름의 대로가 열리는 법입니다.

10분만 더, 1시간만 더, 하루만 더, 한 달만 더... 그런 식으로 정말 중요한 일, 꼭 해야 할 일을 미룹니다. '자기의 안락함을 위해서 시간을 낭비하는 것', 그것이 게으름의 중요한 특징입니다.

나 자신의 안락함 나아가 내 삶에 참된 유익을 주지 못하는 것들에 너무 신경 쓰느라 진짜 중요한 것을 할 타이밍을 놓쳐 버리는 것, 이것이 게으름의 본질입니다.

여러분 안에 이런 식으로(좀 더, 좀 더!) 낭비되는 시간, 돈, 시력 혹은 체력 등이 있는지 점검해 보십시오.

잊지 마시기 바랍니다. 작은 차이들이 쌓이면 어느새 큰 차이가 됩니다.

③ **게으름엔 핑계가 많다_** 게으른 자들에 대한 잠언 기자의 풍자 중에 가장 재미있는 것은 아마도 이것일 것입니다. "게으른 자는 길에 사자가 있다 거리에 사자가 있다 하느니라"(잠26:13).

이게 대체 무슨 말일까요?

말 그대로 밖에 사자가 있으니 위험해서 밭에 일하러 가지 못하겠다는 소리입니다. 현대인의 시각에서 보면 이해가 잘 안 되거나 그냥 웃음밖에 안 나오는 말이지요.

그런데 이 핑계가 전혀 터무니없는 핑계인 것은 아닙니다. 실제로 당시 근동에서는 대낮에도 밭이나 거리에 사자가 출몰하기도 했으니까요(삿14:5).

문제는 게으른 사람은 이 핑계를 심하게 과장한다는 사실입니다. 우리의 노동과 삶에는 분명히 어느 정도 부정적 요소, 위험 요소가 존재하는데 게으름은 이것을 비합리적으로 침소봉대 한다는 것이지요.

물론 밭에 일하러 나갔다가 사자를 만날 수도 있습니다. 그래서 크게 다치거나 심지어 죽을 수도 있습니다. 그런 일이 전혀 없다고는 말할 수 없습니다.

하지만 그럴 확률이 얼마나 되겠습니까? 이건 마치 비오는 날에 밖에 나갔다간 벼락에 맞아 죽을 수도 있으니 출근하지 않겠다는 말과도 같은 호들갑입니다.

아담과 하와의 불순종 이래로 우리의 일과 삶에는 근본적으로 부정적 요소, 위험 요소가 상존하게 되었습니다. 우리가 어떤 일을 하며 살든 그 일에는 '가시덤불과 엉겅퀴'가 존재하고, 평생 땀흘리며 수고해야 먹고 살게 돼있습니다(창3:17-19). (다시 말해) 완벽한 꿈의 직장, 절대적인 신의 직장 같은 것은 없습니다.

언제부터인가 '조물주 아래 건물주'라는 말이 통용되고 있지만, 또 누군가는 건물주 같은 극한 직업이 없다고 말하기도 합니다(물론 생계형 건물주에 해당되겠지요?). 적지 않은 자본을 융통해서 건물을 지었는데 그 건물이 임대가 잘 안 되거나, 임차인들의 이런 저런 요구를 들어주며 건물을 관리하느라 신경 쓸 일이 한두 가지가 아니라는 것이지요.

이처럼, 타락한 세상의 거리엔 늘 사자가 어슬렁거립니다. 전혀 위험하지 않은 일, 전혀 수고롭지 않은 일, 재미있기만 한 일 따위는 없습니다.

우리의 할 일은 사자를 핑계로 출근하지 않는 것이 아니라 사자가 나타나지 않는 시간에 일을 하거나, 나타나면 일을 쉬거나, 그것도 아니면 울타리를 만들어 대비하는 것입니다.

④ 게으름은 일을 마무리하지 못하는 것이다_ 사자 이야기만큼이나 신랄한 풍자가 하나 더 있습니다. "게으른 자는 그 손을 그릇에 넣고도 입으로 올리기를 괴로워하느니라"(잠26:15).

일단 손을 그릇에 넣어 음식을 집었다면 다음엔 그 음식을 입에 집어넣으면 됩니다. 그러면 일이 마무리 됩니다.

그런데 게으른 사람은 대개 이 마무리 단계에서 실패합니다. 잘 나가다가도 이 결정적 순간에 상습적으로 엔진이 꺼져버립니다. 마지막 고비를 넘지 못하는 것이지요.

게으른 사람도 일의 시작은 곧잘 합니다. 참신한 아이디어를 내기도 하고, 의욕적으로 이런 저런 일을 벌이기도 합니다. 하지만 그 일을 인내심을 가지고 마무리하지 못하는 것입니다.

부지런히 이것저것 벌이고 다닌다고 해서 부지런한 것이 아닙니다. 진정한 부지런함은 한두 가지만이라도 한 번 시작한 일을 끈기를 가지고 마무리하는 것입니다.

한 번 시작한 일은 무조건 끝을 봐야 한다는 말이 아닙니다. 그런 태도는 오히려 완벽주의나 집착 그리고 교만에 가까울 수 있습니다. 하지만 너무나 쉽게 포기하는 것도 정신적 나태일 수 있습니다.

이 대목에서 자기 사람들을 사랑하시되 '끝까지' 사랑하셨던 예수님을 기억해 보는 것도 유익할 것입니다.

> "유월절 전에 예수께서 자기가 세상을 떠나 아버지께로 돌아가실 때가
>
> 이른 줄 아시고 세상에 있는 자기 사람들을 사랑하시되 끝까지 사랑하
>
> 시니라."요13:1

예수님 앞에 이제 생의 마지막 일주일이 남았습니다. 예수님은 지금까지 살면서도 충분히, 정말 충분하게 더할 나위 없이 자기 사람들을 사랑하셨습니다. 제대로 먹지 못하고 밤잠을 설쳐가며, 가족과 친지들에게 오해받고 이스라엘의 종교지도자들에게 괴롭힘당하며 그야말로 진이 다 빠지도록 사역하셨습니다.

돌풍이 불고 큰 파도가 치는 갈릴리 바다를 건널 때, 이리 흔들리고 저리 흔들리는 작은 고깃배 뒤 칸에서 아랑곳하지 않고 곤히 주무시던 모습이 하나의 좋은 증거입니다(막4:35-41).

예수님은 정말로 갈 수 있는 모든 곳에 가셨고, 할 수 있는 모든 사역

을 몸이 부서지도록 하셨습니다.

"예수께서 '모든' 도시와 마을에 '두루' 다니사..."마9:35

하지만 그런 주님 앞에 그동안의 모든 수고와 감히 비교할 수 없는 마지막 과업이 남아 있었습니다. 추악한 죄인들(그것도 모든 인류)의 대표로서 성부 하나님께 버림받는 영혼의 지옥, 그리고 육체를 가진 인간으로서 가히 버텨내기 어려운 십자가형의 극한 고통이 바로 그것입니다.

생각해 보십시오. 정말로 내빼기 좋은 상황 아닙니까? 이쯤에서 적당히 일을 뭉개도 되지 않을까요? 지난 3년 동안 한 일도 엄청 많고 제자들도 십자가를 지지 말라고 저리 성화인데 말이지요. 못 이기는 척 대충 흐지부지한다고 해서 누가 뭐라고 하겠습니까?

하지만 예수님은 그러지 않으셨습니다. 그분은 참으로 자신의 마음을 단단히 고정하고 자기 사람들을 끝까지 사랑하셨습니다.[40] 성부 하나님께서 위탁하신 일을 끝까지 완수하신 것입니다.

⑤ **게으름의 다른 이름은 교만이다**_ "게으른 자는 사리에 맞게 대답하는 사람 일곱보다 자기를 지혜롭게 여기느니라"(잠26:16).

그저 천성이 게을러서 게으른 사람도 있습니다.

하지만 지혜자가 보기엔 교만해서 게으른 사람도 있습니다. 맞습니다. 누군가 현재 자기의 상태가 최선이라고 확신한다면 그는 뭔가를 배우고 시도하는 것을 게을리 할 수밖에 없을 것입니다.

예를 들어, 현재 자기의 경제적 상태가 최적이라고 확신한다면 일과 노동 혹은 재테크 등에 있어서 더 열심을 내지 않을 확률이 높겠지요. 이처럼 많은 게으름의 원인 중의 하나는 교만이고, 모든 교만의 끝이 패망이듯이 게으름의 결국도 망하는 것입니다(잠18:9).

부족한 것을 알지만 그 부분을 보완하기가 여러모로 버거워서 머물러 있는 것은 괜찮습니다. 그는 언젠가 다시 움직일 것이고, 그에게는 소망이 있습니다. 하지만 완벽하기 때문에 더 이상 채울 것이 없다고 생각하는 교만은 위험합니다.

우리가 이 땅에서 사는 동안 사실 그 어떤 영역(육체와 정신, 관계, 성취 등)에서도 완전함이란 있을 수 없기 때문입니다.

│ 내적인 동기로 충만해지기 │

게으른 사람이 누군가의 지시나 압력에 의해 일시적으로 부지런할 수 있습니다. 하지만 더 좋은 것은 개미처럼 자발성을 가지고 스스로 부지런을 떠는 것입니다(잠6:7-8). 즉 외부의 자극보다는 내적인 동기에 의해서 움직이는 것이 더 좋다는 말입니다.

하나님 나라에 기여하고 싶은 동기, 주변 사람들을 행복하게 해주고 싶은 동기, 물론 나 자신을 가꾸고 사랑하려는 동기도 포함해서 말이지요.

부지런한 성품을 기르기 위한 과정의 골자는 다음과 같습니다.

마음을 새롭게 함으로 변화를 받아 ⇨ 하나님의 창조 세계에 대해서 눈뜨고 ⇨ 그 세계에 대한 관심과 흥미를 개발하고 ⇨ 하나님의 구원 사역에 동참하고자 하는 열망을 회복하고 ⇨ 이 가시와 엉겅퀴가 무성한 땅 위에서 사랑하는 사람들을 복되게 하기 위해 헌신하는 것!

만약 우리가 이러한 내적인 동기들로 충만해진다면 게으름 피우고 있을 여유가 없을 것입니다. 앞선 7장에서 언급했던 현숙한 여인처럼 말입니다.

● 게으름에 대한 잠언의 통찰들
1) 게으름은 욕망의 문제다.
2) 게으름의 모토는 '좀 더'이다.
3) 게으름엔 핑계가 많다.
4) 게으름은 일을 마무리하지 못하는 것이다.
5) 게으름의 다른 이름은 교만이다.

1. 편안함과 안락함에 대한 여러분의 욕망은 어느 정도인지 스스로 체크해 봅시다. 그리고 그 욕망을 압도하거나 능가하는 다른 선한 욕망들이 있는지 점검해 봅시다.

2. 나 자신의 안락함 혹은 별로 중요하지 않은 것들을 위해 낭비되는 돈, 시간, 정력 등이 있는지 생각해 보고, 그것들의 리스트를 만들어 봅시다.

3. 내가 뭔가를 게을리했을 때 어떤 부정적 요소, 위험 요소가 영향을 미쳤었는지 생각해 봅시다. 그리고 내가 그런 요소들을 너무 과장한 것은 아니었는지 반성해 봅시다.

4. 시작은 했지만 마무리하지 못한 일이 있습니까? 있다면 다시 한 번 그 일을 잘 마무리 할 수 있도록 노력해 보십시오.

5. 내 자신에게 있어서 "그 정도면 충분하기 때문에 더 노력할 필요가 없다"고 자신하는 영역이 혹시 있는지 생각해 봅시다.

"예수님은 철저히 정직하셨다. 그분의 말씀은 모두 정확했고 그분의 문장은 모두 사실이었다. 시험 부정행위, 없었다. 회사장부 조작, 없었다. 예수님은 진실을 부풀린 일이 한 번도 없었다. 진실을 가린 일이 한 번도 없었다. 진실을 외면한 일이 한 번도 없었다. 진실을 그대로 말씀하셨을 뿐이다. 그분의 입에서는 속이는 말을 찾을 수 없었다."

- 맥스 루카도 -

10. 정직함

●●●●●● 잠19:9

"거짓 증인은 벌을 면하지 못할 것이요 거짓말을 뱉는 자는 망할 것이
니라"

우리가 매사에 완벽하게 정직할 수 있을까요? 당연히 그럴 수 없습니
다. 아무리 노력하고 수양을 쌓아도 그건 불가능합니다.

하지만 그럼에도 불구하고 '그것만은 하지 말아야 할 것'과 '그렇게만
은 되지 말아야 할 상태'가 있습니다(잠19:5,9). 잠언이 우리에게 제시하는
최소한의 가이드라인인 셈이지요.

① **그것만은 하지 말아야 할 것**_ 바로 '법정에서 거짓말 하는 것'입니
다. 왜 그럴까요? 법정에서의 거짓말은 그 거짓말의 대상에게 한 순간에
너무나 심각한 치명상을 가할 수 있기 때문입니다(출20:16 ; 신5:20).

지금도 물론 그렇지만 고대 시대의 재판에서는 다른 그 무엇보다도

증인의 증언이 갖는 영향력이 너무나 커서 그렇습니다.

그런 관점에서 하나님은 어떤 상황에서의 거짓말도 다 싫어하시지만 특별히 법정에서의 거짓말을 더욱 싫어하십니다. 몹시 분노하시지요. 그렇기 때문에 하나님은 법정에서의 위증에 대해서 반드시 벌을 주십니다.

그러므로 혹시라도 법정에서 증언할 일이 있다면 정말로 정직하게 증언해야 합니다. 증인 선서서에 있는 글귀처럼 '양심에 따라 숨김과 보탬이 없이 사실 그대로 말해야' 합니다. 내 한 마디가 재판 당사자들의 생사를 가를 수도 있다는 막중한 책임감으로 임해야 하는 것입니다.

그렇다면 (법정이 아닌) 일상생활에서는 이 잠언을 어떻게 적용해야 할까요?

내 말 혹은 증언이 그 말의 대상에게 해를 끼치는 것은 아닌지 충분히 주의해야 합니다. 거짓말은 그 자체로 좋지 않은 것이지만 특별히 '대상에게 해를 끼치는 거짓말'은 더더욱 하지 말아야 한다는 것입니다.

| 거짓말과 같은 진실 |

이제 좀 더 깊이 생각해 봅시다. 우리가 어떤 대상에게(혹은 대상에 대하여) 거짓말을 하면 (대체적으로) 그 사람에게 해가 됩니다. 그래서 거짓말을 하면 안 되는 것이지요.

그런데 간혹 드물게 오히려 진실을 말함으로써 상대에게 해를 끼치는 경우도 있습니다. 못생긴 사람에게 "넌 정말 못 생겼어"라고 진실을 말하면, 진실을 말했으니까 괜찮은 걸까요?

당연히 아니지요. 그런 진실은 그 효과에 있어서 거짓말과 똑같다고 말할 수 있습니다. 그래서 그런 진실을 말하는 사람을 정직하다고 말할 수도 없습니다.

사례8

저는 이 책을 출간하기 전에 다른 한 유력한 기독교 출판사에 출간 의뢰를 했습니다. 한 달 이상 기다렸다가 다음과 같은 답메일을 받았습니다.

"그동안 보내 주신 원고를 내부적으로 검토하고 의견을 나누어 보았는데, 아무래도 저희 출판사에서는 출간이 어렵겠습니다. 원고 검토 소견으로는 목차 대비 내용의 특별함이나 저자의 메리트가 안 보입니다. 유교적 정서도 내용상 많고, 보편적 내용 외에 차별성이 없어 보입니다."

그동안 여러 차례 다양한 출판사들에 출간 의뢰를 했었고 많은 거절 메일을 받아봤지만 이렇게 정직한(?) 답변은 처음이었습니다. 저는 제법 연단되어서 별 상처를 받지 않았지만 제 아내가 더 놀라고 황당하다는 반응이었습니다. "뭘 이렇게까지 디테일하게 원고와 저자가 별로라고 말하면서 거절을 해야 해?"

맞습니다. 이 출판사 관계자들이 양심을 속일 수 없어서 정말 정직하게 느낀 그대로 평했을 수도 있지만, 저는 단지 그 출판사에 출간 여부를 문의했던 것이지 제 원고에 대한 비평을 요청한 것이 아니었기 때문에 굳이 이렇게까지 할 필요가 있었을지 의문입니다. 제가 유력한 교회의 목사이거나 교수였어도 그런 메일을 보낼 수 있었을까요? 비록 거짓말이라 할지라도 그냥 "저희 출판사의 출간 방향과 맞지 않아 출간이 어렵겠습니다" 정도만 해도 됐을 텐데 말이지요. 실제로 제가 그간 받았던 거절 메일들은 대부분 다음과 같은 거짓말들로 투고자의 마음을 배려했습니다.

"그동안 보내주신 원고를 검토하고 의견을 교환하는 과정을 거쳤습니다. 보내주신 원고에 저자의 정성이 많이 들어 있고 독자에게 깊은 은혜와 감동을 전하고자 하시는 깊은 뜻이 있음을 느낄 수 있었습니다. 그럼에도 불구하고 숙고하고 내부 의견을 종합해본 결과, 저희가 나름대로 지향하고자 하는 출판 방향에 비추어 아쉽지만 이 원고를 저희가 출판하기 어렵다는 의견을 드릴 수밖에 없게 되었습니다.

보내주신 원고가 지금 저희 출판사의 방향과 조금 다른 것일 뿐 무척 귀한 원고라고 생각합니다. 모쪼록 다른 경로를 통해서나 이후에라도 출판의 길이 열리시기를 기원 드립니다. 저희가 섬겨드리지 못하게 됨을 죄송스럽게 생각하며 하시는 사역과 비전 가운데 하나님의 은혜가 항상 함께하시길 바랍니다."

이 얼마나 위로가 되며 덕스러운 거짓말인지요!

탈무드를 남긴 지혜자들도 비슷한 생각을 했던 것 같습니다. 탈무드는 허용 가능한 거짓말의 예를 다음과 같이 들고 있습니다.[41]

- 어떤 사람이 이미 사버린 물건을 두고 다른 사람에게 "이 물건이 어떠냐"고 물었을 경우, 설령 그것이 나빠 보여도 좋다고 거짓말을 할 수 있다.
- 친구가 결혼했을 때 그의 신부가 설령 못생겨 보여도 "부인이 아주 미인이십니다. 행복하게 사십시오"라고 거짓말을 할 수 있다.

그러니까 요지는 '내가 그 말(거짓이든 진실이든)을 무슨 의도로 하는가' 하는 것입니다. 언제나 그렇듯 이 주제와 관련해서도 의도가 중요합니다.

일반적으로 거짓말을 하면 안 됩니다. 왜냐하면 거짓말은 일반적으로 그 대상이나 듣는 사람 모두에게 해를 끼치기 때문입니다. 좀 거창하게 말해 보자면 거짓말은 일반적으로 공동체 전체에 해가 됩니다.

하지만 정말 특별한 경우에, 내 거짓말이 대상을 유익하게 할 수 있다는 확신이 든다면 거짓도 괜찮습니다. 최소한 용납이 가능합니다.

사도 바울은 에베소서에서 "사랑 안에서 참된 것을 하라"(엡4:15)고 말했습니다. 참된 것을 하되 사랑이라는 동기로 그렇게 하라는 의미입니다. 참된 것을 추구한다는 빌미로 사랑을 짓밟는 짓 따위는 하지 않는 것이 더 낫다는 것입니다. 아니 더 나은 정도가 아니라 범사에 꼭 그렇게 해야만 우리는 그리스도에게까지 순조롭게 자라갈 수 있다고, 바울은 설명합니다.

> "오직 사랑 안에서 참된 것을 하여 범사에 그에게까지 자랄지라 그는 머리니 곧 그리스도라."엡4:15

다시 말해 사랑 안에서 자신의 온 존재로 진리를 표현하는, 단지 말이 아니라 사랑의 행위로 그렇게 하는 것이야말로 영적 성장과 성품 형성을 위한 최고의 커리큘럼이 된다는 것입니다.[42]

기억하시면 좋겠습니다.

사랑으로 하면 거짓도 선할 수 있고, 반면에 사랑으로 하지 않으면 참된 것도 선하지 않을 수 있습니다. "틀린 말도 아닌데 뭘~"이라고 합리화를 하면서 남의 감정을 상하게 하거나 명예나 평판에 해가 되는 이야기를 해서는 안 됩니다. 그것은 본질상 거짓말로 남을 비방하는 것과 매한가지이기 때문입니다.

| 거짓말의 종류들 |

여러분이 거짓말을 하는지 안 하는지 묻지 않으려고 합니다. 저를 포함해서 모든 사람이 당연히 거짓말을 하고 있으니까요. 사실 스탠리 하우어워스Stanley Hauerwas가 말하고 있는 것처럼 저와 여러분의 삶은 거의 알아차리기 힘들 만큼의 무수한 거짓말들로 이루어져 있습니다.[43]

그래서 저는 대신에 이렇게 묻고 싶습니다.

여러분은 주로 언제, 어떤 상황에서 거짓말을 하십니까?

예를 들어 보겠습니다.

- 상투적 거짓말 : 밥 한 번 먹자. 기도할게. 정말 가고 싶은 데 선약이 있어서...
- 부분적 거짓말 : (부부싸움이나 논쟁할 때) 당신은 '늘' 그래. 나는 '한 번도' 그런 적이 없어.
- 선의의 거짓말 : 당신(의 이력서, 포트폴리오)은 저(희 회사)에게 너무 과분합니다. 더 좋은 사람(회사)를 만나시기 바랍니다.

우리가 자주 하는 거짓말들 아닌가요? 이 중에 선의의 거짓말(이건 종종 상투적인 거짓말이 되기도 합니다.)을 제외하고는 하지 않거나 줄이는 것이 좋을 것 같습니다.

저는 심지어 (개인적으로) 방송 컨텐츠로 즐겨 사용되는 '몰래 카메라'도 몹시 불편하게 느낍니다. 여러 사람이 작당 모의해서 한 사람을 속이고 그 반응을 즐기는 이런 포맷이 좀 사라졌으면 좋겠습니다.

아무튼 여기에 언급되지는 않았지만 하는 순간 "어, 이건 거짓인데..." 라고 양심이 말하는 모든 거짓말은 최대한 줄이거나 하지 않는 것이 좋습니다. 타락한 인간의 양심이 언제나 옳은 것은 아니지만 그럼에도 불구하고 양심의 소리 곧 '우리 내면에 있는 도덕적 나침판'의 움직임에 민감해야만 성품 훈련에 진척이 있습니다.[44]

그러므로 (여러분의 양심이 아직 화인 맞지는 않았다는 전제하에) 여러분의 양심의 소리에 충분히 귀를 기울이십시오. 모든 거짓말을 멀리 하시되, 대상에게 손해를 끼치는 거짓말은 더더욱 하면 안 됩니다. 원칙은 분명하며, 결코 양보할 수 없습니다.

"그런즉 거짓을 버리고 각각 그 이웃과 더불어 참된 것을 말하라..."

엡4:25

② **그렇게만은 되지 말아야 할 상태_** '습관적으로 거짓말 하는 상태'입니다. (흔한 말로) '입만 열면 거짓말'인 상태가 되면 안 된다는 것입니다.

오늘 잠언 말씀에 '거짓말을 하는 자'(잠19:5), '거짓말을 뱉는 자'(잠19:9)

라고 번역돼 있는데, 여기 거짓말을 '하다'와 '뱉다'에 해당되는 히브리어는 **'푸아흐'**입니다. 문자적으로 '숨이나 공기를 훅 불다'라는 뜻이지요.

왜 우리말에도 "그 사람은 숨쉬는 것도 거짓말이다"라는 표현이 있질 않습니까? 마치 그런 것처럼 오늘 잠언 말씀은 "인간이 가끔 어쩌다가 혹은 어쩔 수 없어서 거짓말을 하는 게 아니라 우리가 늘 숨을 내뱉듯이 늘 거짓말을 내뱉는 지경에까지 이를 수도 있다"고 말하고 있습니다.

그리고 그런 지경에까지 이르면 그 사람은 법정에서 위증하는 사람과 마찬가지로 반드시 벌 받고 망하게 돼있다고, 지혜자가 경고하고 있는 것입니다.

거짓말이 습관이 되어서는 안 됩니다.

거짓말을 하더라도 정말 어쩌다가 간혹 해야 합니다. 그리고 거짓말 할 때 내적인 갈등을 느껴야 합니다. 거짓말 할 때 어색함을 느껴야 하고 거짓말 한 후에는 후회해야 합니다. 자기가 거짓말 하게 된 마음의 동기를 깊이 성찰하고 다음에는 그러지 않을 수 있도록 노력해야 합니다.

이 모든 것은 상당히 피곤한 과정이지요.

하지만 이 피곤한 과정이 생략되기 시작할 때, 그때가 위험한 순간입니다. (말 그대로) 거짓말이 습관이 돼서 더 이상 문제의식을 못 느끼는 것이기 때문입니다.

자신의 거짓말에 대해서 예민해져야 합니다. 윤동주의 〈서시〉를 기억해 보십시오.

"죽는 날까지 하늘을 우러러 한 점 부끄럼이 없기를
잎새에 이는 바람에도 나는 괴로워했다..."

작은 잎새에 이는 바람이면 얼마나 사소하고 은밀한 것입니까? 하지만 시인 윤동주는 그렇게 작은 일에도 첨예한 죄의식을 느꼈던 민감한 양심의 소유자였습니다. 그런 것처럼 우리 그리스도인들은 '잎새에 이는 작은 거짓말'에도 괴로워해야 합니다.

그렇게 거짓말에 있어서도 믿지 않는 사람들과 구별되어야 합니다. 계속 그런 예민한 감각을 유지하고 있어야 거짓말이 습관이 되는 것을 막을 수 있고, (장기적으로) 정직한 성품을 배양해 나갈 수 있습니다.

│ 거짓말하지 않아도 되는 이유 │

거짓말은 이런저런 상황에서 온갖 이유로 합니다. 정말 다양한 상황과 다양한 동기가 있습니다.

하지만 그럼에도 불구하고 모든 거짓말, 모든 부정직함의 깊은 밑바닥에는 '당장의 이익을 추구하는 마음'이 있습니다. (쉽게 말해서) 그 거짓말을 함으로써, 그 진실을 비틀고 왜곡하고 감춤으로써 뭔가 당장 나에게

도움이 되고 이익이 된다고 믿기 때문입니다.

당장 어떤 책임을 회피하거나... 당장 어떤 경제적 이득을 취하거나,
권력을 얻거나, 명성을 얻거나... 나를 높이고 남을 깎아 내리거나...

그러므로 우리가 궁극적으로 거짓말을 하지 않으려면 거짓말 하지 않
아도 하나님이 내 삶을 책임져 주신다는 믿음이 있어야 합니다.

"내가 지금 정직해서 당장은 손해를 좀 보더라도 결국엔 하나님이 내
삶을 채워주신다."

시편 기자는 훨씬 더 풍성한 보상을 약속합니다.

"여호와 하나님은 해요 방패이시라 여호와께서 은혜와 영화를 주시며
정직하게 행하는 자에게 좋은 것을 아끼지 아니하실 것임이니이다."
시84:11

물론 "안 채워주서도 하나님은 내가 정직한 것을 원하시니 손해 보더
라도 기꺼이 정직하겠다", 이 마음이면 더 훌륭하겠지요?
여하튼 우리 모두에게 이런 믿음 혹은 마음이 있어서 평생 정직한 삶

을 살 수 있게 되기를 바랍니다.

● 거짓말에 대한 잠언의 가이드라인

1)그것만은 하지 말아야 할 것_ 법정에서 거짓말 하는 것(대상에게 해를 끼
치는 거짓말을 하는 것).

2)그렇게만은 되지 말아야 할 상태_ 습관적으로 거짓말 하는 상태.

● 자주 하는 거짓말의 예들

1)상투적 거짓말 : 밥 한 번 먹자. 기도할게. 정말 가고 싶은 데 선약이 있어
서...

2)부분적 거짓말 : (부부싸움이나 논쟁할 때) 당신은 '늘' 그래. 나는 '한 번
도' 그런 적이 없어.

3)선의의 거짓말 : 당신(의 이력서, 포트폴리오)은 저(희 회사)에게 너무 과
분합니다. 더 좋은 사람(회사)을 만나시기 바랍니다.

1. 정확하게 확인도 하지 않고 다른 사람에 대해 부정적으로 말하거나 혹은 그런 말을 전달했던 적이 있는지 곰곰이 생각해 보십시오. 그리고 생각난다면 회개하시고, 가능하다면 그 대상을 찾아가 용서를 구해 보십시오.

2. 스스로 자문해 봅시다. "나는 왜 거짓말을 할까? 내 거짓말의 가장 깊은 동기는 무엇일까?" 또, 여러분이 예민하게 느끼는 거짓말이 있습니까? 반대로, 거의 문제의식을 못 느끼는 거짓말이 있지는 않습니까?

3. 하나님을 믿기 때문에 혹은 의식하기 때문에 거짓말에 대한 유혹을 이겨낸 적이 있습니까? 또 그렇게 했을 때 여러분의 내면과 삶에 어떤 영향이 있었습니까?

"사실, 나는 어머니가 이 마지막 병상에서 내게 해 주셨던 말씀을 듣고는 기쁘고 감사했습니다. 왜냐하면, 어머니는 내가 자기를 돌봐 드리는 것을 칭찬하시면서, 나를 효자라고 하시고서는, 내가 어머니를 거슬러서 험한 말이나 부끄러운 말을 하는 것을 들어본 적이 없다고 회상하시며 나에 대한 깊은 애정을 드러내셨기 때문입니다.

하지만 우리를 지으신 나의 하나님이여, 어떻게 내가 어머니께 효도한 것을 어머니가 나를 섬기시고 희생하신 것에 비할 수 있겠습니까? 나는 이제 어머니로 인한 그러한 큰 위로를 잃어버렸기 때문에, 내 영혼은 상처를 받았고, 어머니와 하나가 되어서 살았던 나의 삶은 산산조각이 나 버린 것 같았습니다."

-아우구스티누스-

11. 효심

••••••• 잠23:22

"너를 낳은 아비에게 청종하고 네 늙은 어미를 경히 여기지 말지니라"

효(孝)라는 것은 시대와 문화를 초월해서 모든 인간 사회가 보편적으로 추구하고 숭상하는 가치라고 말할 수 있을 것입니다. 그런데 특별히 동양의 유교 문화권에서 이 가치는 최대치까지 끌어올려졌습니다.

특히 우리나라 조선 시대에는 이 가치가 가정 윤리의 범주를 넘어서서 정치적, 사회적 규범으로까지 단단하게 체계화되었습니다. 즉 집안에서 자기 부모에게 효를 다해야 하는 것은 물론이고, 집 밖의 다른 어른들에게도 효에 준하는 태도로 대해야 하며, 관직에 나가 임금에게 충성할 때도 마치 자식이 아버지에게 하듯 해야 했습니다.

그것뿐만이 아닙니다. 심지어 이 모든 효를 대상이 살아있을 때는 물론이고 죽은 이후에도 다해야 했습니다. 그야말로 조선 시대에 있어서 효는 일종의 종교(적 가치)였습니다.

| 성 경 이 말 하 는 효 |

우리는 이런 문화적 전통 속에서 살아왔기 때문에 사실 효의 당위성에 대해서 굳이 더 강조할 필요는 없을 것 같습니다. 대신에 '성경적 효'의 개념 그리고 방법에 대해서 잘 분별하는 것이 숙제일 것입니다.

성경적 효 개념의 핵심은 '공경'입니다.

"네 부모를 공경하라…"출20:12 ; 신5:16 ; 엡6:2

그리고 성경에서 공경으로 번역되는 히브리어와 헬라어는 각각 다음과 같습니다.

카바드(히) : 무겁게 여기다.

티마오(헬) : 높이 평가하다. 가치를 두다.

그러므로 그리스도인이 다해야 하는 성경적 효는 '부모를 무겁게 여기고(가볍게 여기지 않고), 부모의 가치를 높이 평가하는 것'이라고 말할 수 있습니다.

사실 이런 개념은 별로 특별할 것이 없는 것으로서 유교 문화는 물론이고 모든 인간 세상에서 보편적으로 통용되는 것이라고 볼 수 있습니다.

아무튼 그러면 우리가 부모를 무겁게 여겨야 하는 이유, 높이 평가해야 하는 이유는 무엇일까요?

| 공경의 이유 |

첫째, 부모는 우리 생명의 통로이기 때문입니다.

"너를 '낳은' 아비에게 청종하고…"

아버지가 씨를 뿌리고 어머니가 그 씨의 밭이 되어 자녀가 태어납니다. 하나님은 오직 그 방법으로 하나의 인생을 세상에 나오게 하십니다. 그래서 모든 부모는 그 이유 하나만으로도 자신의 자녀들에게 충분히 존중받을 자격이 있습니다. 더 설명할 필요가 없는 일이지요.

둘째, 부모는 우리 지혜의 기초이기 때문입니다.

"네 '늙은' 어미를 경히 여기지 말지니라."

잠언의 세계관에서 누군가 늙었다는 것은 결코 부정적 의미가 아닙니다. '쇠약하다'라는 의미가 아니라 '지혜롭다', '경험이 풍부하다'라는 뜻입니다. 나이 든 사람은 그 나이만큼 '하나님의 창조세계의 패턴과 규범'(즉 질서)을 젊은 사람보다 더 많이 경험하고 체득했을 수밖에 없기 때문입니다.[45]

그러니까 이 잠언 말씀은 결국 "네 부모는 지혜롭고 경륜이 깊으니 가볍게 여기지 말고 말을 잘 들어라", 이런 의미입니다.

맞습니다. 우리의 부모는 (대체적으로) 우리보다 경험이 풍부하고 우리보다 생각이 깊습니다. 그것뿐만이 아닙니다. 부모는 자녀가 어려서 좌우 분별을 하지 못할 때 세상의 모든 것들에 대한 기본 지식을 전수해 주는 존재입니다. 그야말로 지혜와 지식의 기초인 셈이지요. 공로를 치하받고 존중받아 마땅한 존재들인 것입니다.

사실 이런저런 이유와 근거를 따질 필요도 없습니다. 그건 그냥 너무나 당연한 것입니다. 사도 바울은 다음과 같이 말합니다.

"너희 부모에게 순종하라 이것이 옳으니라."엡6:1

바울에 의하면, 부모 공경은 그냥 옳은 것입니다. 묻거나 따지거나 할 일이 아니라는 것입니다. 그런데 감사하게도 그 당연한 것을 하면 하나님은 우리에게 큰 복을 주십니다.

"이로써 네가 잘 되고 땅에서 장수하리라."엡6:3

이 땅에서 성공하고 오래 살고 싶으십니까? 그러면 부모를 공경하면 됩니다. 자녀들이 잘 되고 장수하기를 바라십니까? 그러면 부모 공경을 가르쳐야 합니다.

이건 절대로 부모들이 좋자고 하는 말이 아닙니다. 자녀들이 잘 되도록 하기 위해서라도 부모 공경을 가르쳐야 하는 것입니다. 하나님은 반드시 약속을 지키실 것입니다.

| 공경의 방법들 |

그러면 구체적으로 어떻게 하는 것이 공경의 방법일까요?

우선, 말과 행동으로 뭔가 표현하기 전에 부모를 바라보는 시선이 올바로 정립돼 있어야 합니다. 위에서 언급한 대로 부모를 진심으로 가치 있는 존재로 여겨야 합니다. 부모가 늙고 힘없어서 가치가 떨어졌지만 나를 낳아주신 내 부모이니까 잘해 드린다? 그게 아닙니다.

내 (늙은) 부모가 실제로 엄청나게 가치로운 존재들이란 걸 깨달아야 합니다. 마음 깊이 그걸 느끼고 인정해야 합니다. 공경은 거기서부터 시작되는 것입니다.

이제 좀 더 실제적인 '공경의 방법'들을 이야기해 보려고 합니다.

① **부모의 말을 귀담아 들어야 합니다_** "아비에게 청종하고…"에서 '청종'으로 번역된 히브리어 **'샤마'**는 귀기울여 듣는 것 곧 '경청'을 의미합니다. 듣는 척하는 것이 아니라 실제로 듣는 것입니다. 부모님을 위해서 들어드리는 것이 아니라 나를 위해서 듣는 것입니다.

나에게 정말로 중요한 일(돈 문제, 승진 문제, 안전 문제 기타 등등)에 대해 누군가 말해 줄 때 정말로 집중해서 듣는 것처럼 그렇게 부모의 말을 듣는 것, 그것이 공경의 첫 단계입니다.

② **귀담아 들은 말을 순종해야 합니다_** 부모의 말을 경청하는 것은 경청하는 것으로 끝내기 위함이 아니라 들은 대로 행하기 위해서입니다. 처음부터 그런 자세로 들어야 하고, 그러니 들은 후에는 순종하는 것이 마땅합니다.

그런데 부모가 늙어갈수록 반면에 자녀가 원숙해져갈수록 부모의 말을 귀담아 듣기가 쉽지 않습니다. 부모는 나이가 들수록 경륜이 풍부해지는 면도 있지만, 반대로 시대에 뒤처지는 경향도 분명히 있기 때문입니다.

하지만 그럼에도 불구하고 부모의 말에는 기본적으로 경청하고 순종하는 것이 하나님의 뜻입니다.

| 순 종 의 조 건 |

물론 제한 조건이 있습니다. 바울은 에베소서에서 부모에 대한 순종
을 명령하면서도 다음과 같이 조건을 달고 있습니다.

"자녀들아 '주 안에서' 너희 부모에게 순종하라."엡6:1

부모에 대한 순종의 조건은 '주 안에서'입니다. 여기가 바로 유교적 효
개념과 성경적 효 개념이 근본적으로 다른 지점입니다.

성경 역시 유교처럼 공경을 명령하되, '주 안에서' 하라고 제한을 둡니
다. 다시 말해, 만약 부모의 말이 하나님의 뜻과 어긋난다면 우리는 순종
에 대한 부담에서 벗어나도 된다는 것입니다.

예수님의 경우를 보십시오. 예수님도 어머니 마리아를 공경하는 효자
였지만 하나님 아버지의 뜻에 먼저 순종하느라 어머니의 뜻을 들어드리
지 못한 경우가 더러 있었습니다(마12:46-50).

그렇다고 해서 이 특별 예외 조항을 너무 쉽게 가져다 쓰지는 마시기 바
랍니다. 어쨌든 이 문제에 관한 하나님의 뜻은 기본적으로 분명하니까요.

"네 아버지와 어머니를 공경하라 이것은 약속이 있는 첫 계명이니."

엡6:2

③ 기회 있을 때마다 부모의 공로를 인정해 드려야 합니다_ 툭하면 자신의 약점이나 어려운 형편의 원인을 자기 부모에게 돌리는 자식들이 있습니다. 전형적이고 대표적인 불효의 예이지요.

물론 실제로 부모로부터 내려온 유전적 소인이 지금 나의 약점일 수도 있습니다. 부모가 나를 양육하고 교육해 온 방식에 문제가 있었을 수도 있습니다. 내가 좀 더 나은 환경을 가진 부모 밑에서 태어났다면 지금보다 나은 삶을 살고 있을 수도 있습니다.

하지만 실제로 그렇다고 해서 그것을 두고두고 곱씹거나 부모에게 표현하는 것은 불효입니다. 본인에게도 무익한 일이고 부모에게도 커다란 상처입니다. 그럴 것이 아니라 내가 부모로부터 받은 좋은 것들을 찾고 그것에 대해서 표현하는 것이 효도일 뿐만 아니라 삶의 지혜입니다.

여러분의 삶을 앞으로 나아가게 만드는 지혜 말입니다.

그런 의미에서 틈나는 대로 부모님께 다음과 같이 말해 보시면 어떨까요?

"아버지가 가장의 역할을 잘 해주셔서 저희가 이렇게 평안하게 자랐습니다"

"어머니가 그동안 묵묵히 헌신해 주셔서 저희가 이렇게 성공할 수 있었습니다"

"저의 이 장점은 아버지(어머니)에게서 온 것 같습니다"

"저의 이 좋은 점(습관, 지식)은 아버지(어머니)에게서 배웠습니다"

④ 물리적, 물질적으로 섬겨야 합니다_ 예수님은 고르반의 예를 들어 부모에 대한 물질적 봉양의 의무를 소홀히 하는 바리새인들을 꾸짖으셨습니다(막7:11).

예수님이 꾸짖으신 바리새인들은 물론 진심으로 하나님께 헌금을 드리려던 것이 아니었습니다. "하나님께 드릴 것이니 아버지(어머니)께 드릴 수 없어요"라고 핑계를 대놓고 나중에 은밀히 그 물질을 자신이 취했던 것이니까요.

아무튼 예수님의 말씀에는 성도들이 헌금하는 것도 당연하지만 그렇다고 해서 부모님을 물질적으로 섬기는 것을 등한시해서는 안 된다는 의미가 담겨 있습니다.

한 번 생각해 보십시오. 누군가 자기 부모에게는 소홀하면서 그 물질로 열심히 헌금한다면 하나님이 과연 그 헌금을 기쁘게 받으실까요? 절대 아닐 것입니다.

할 수 있는 대로 최선을 다해 부모님을 물리적, 물질적으로 섬기십시오. 이 또한 너무나 당연해서 굳이 근거를 댈 필요도 없습니다.

또한 하나님 핑계로 부모 공양을 소홀히 하는 것은 더더욱 안 됩니다. 그것은 부모님께도 불효이고 하나님께도 죄를 짓는 이중의 잘못이기 때문입니다.

⑤ **부모를 즐겁게, 기쁘게 해드려야 합니다_** 위의 네 가지 것들을 잘 실천하면 부모는 분명히 무척 기뻐할 것입니다. 그런데 잠언은 여기에 두 가지를 더합니다,

> "의인의 아비는 크게 즐거울 것이요 지혜로운 자식을 낳은 자는 그로 말미암아 즐거울 것이니라."잠23:24

부모는 무엇보다도 자녀가 의로운 삶을 살 때 즐겁습니다. 자식이 지금까지 언급한 것들을 아무리 잘 해도 그가 불의한 삶을 산다면, 죄 짓고 산다면 어느 부모가 즐거울 수 있겠습니까?

다음으로, 부모는 자식이 지혜로울 때 즐거워합니다. 매사에 신중하고 어떤 상황에서도 현명한 선택을 할 줄 아는 자식이 있다면, 어느 부모가 편안하고 즐겁지 않을까요?

그러므로 우리가 진실로 부모를 공경하기 원한다면 '의'를 따르고 '지혜'를 추구해야 합니다. 예수를 믿어 하나님께 의롭다 여김을 받고, 그리고 예수의 영 성령을 따라 죄를 멀리하고, 나아가 성령의 성결한 지혜를 따라 한 발 한 발 지혜로운 인생길을 걸어가야 합니다.

그것이야말로 진정한 효요, 진정한 부모 공경입니다.

● **구체적인 공경의 방법들**

1)부모의 말을 귀담아 들어야 합니다.

2)귀담아 들은 말을 순종해야 합니다.

3)기회 있을 때마다 부모의 공로를 인정해 드려야 합니다.

4)물리적, 물질적으로 섬겨야 합니다.

5)부모를 즐겁게, 기쁘게 해드려야 합니다.

질문과 묵상과 행동

1. 이번 장에서 언급한 공경의 구체적인 방법들 중에 여러분이 비교적 잘 하고 있는 것과 잘 하지 못 하고 있는 것을 정리해 기록해 보십시오.

2. 여러분이 여러분의 부모로부터 받은 좋은 것들을 생각해 보고, 그것들을 실제로 말로 표현해 보십시오.

3. 여러분이 어떻게 할 때 여러분의 부모는 즐거워하십니까? 반대로, 어떻게 할 때 슬퍼하십니까?

"긍휼은 때로, 다른 사람의 처지가 되어 보고 어떤지를 느낄 수 있는 치명적인(fatal) 능력이다. 그것은 궁극적으로, 당신에게 평화와 기쁨이 없는 한 내게도 평화와 기쁨이 결코 있을 수 없다는 인식이다."

- 프레드릭 뷰크너 -

12. 긍휼의 마음

:::: 잠11:25

"구제를 좋아하는 자는 풍족하여질 것이요 남을 윤택하게 하는 자는
자기도 윤택하여지리라"

지금까지 좋은 성품의 일곱 가지 요소들을 살펴보았습니다.

온유함, 절제심, 적극성, 겸손함, 정직함, 부지런함, 효심.

이런 미덕들을 두루 갖춘 사람이라면 그야말로 너무나 훌륭한 성품을
가진 것이 아닐까요? 저 자신이 간절하게 이런 사람이 되고 싶고, 또 이
런 성품을 가진 사람들과 함께 살고 싶습니다.

그런데 저는 마지막으로 여기에 한 가지를 더하고 싶습니다. 바로 '긍
휼의 마음'입니다. 누군가 고난과 역경 혹은 불행을 겪고 있을 때 그(녀)에
대해서 (말 그대로) 불쌍히 여기고 안타까워하는 마음입니다.

사실 어떻게 보면 너무나 당연한 마음이지요. 인간이라면 누구나 당연히 그래야 되는 것 아닐까요?

하지만 현실을 보면 좀 다릅니다. 인간으로서의 이 당연한 마음을 갖지 못한 사람이 우리 주변에 생각보다 많습니다. 잠언 기자의 관찰을 빌려 보자면 '가난한 자를 조롱하는 자', '사람의 재앙을 기뻐하는 자'가 그들입니다.

가난한 사람들[46]을 대하는 자연스럽고도 합당한 태도는 무엇일까요? 그들의 가난에 대해서 안타까워하는 것이지요. 다른 사람이 좀 더 노골적인 재앙을 당했을 때 마땅한 반응은 무엇입니까?

재앙을 당한 그들을 불쌍히 여기는 것입니다. 그게 너무나 당연한 것이지요!

그런데 이 당연한 마음, 마땅한 태도를 갖지 못한 사람들이 의외로 많다는 것입니다. 잠언 시대에도 있었지만 현대 시대에는 더 많아진 듯합니다. 그리고 앞으로 더 많아질 것 같은 합리적인 의심이 듭니다.

이런 사람들을 이른바 사이코패스 혹은 소시오패스sociopath라고 할 수 있는데, 우리말로는 '반사회적 인격장애'라고 부릅니다. 이런 마음을 가진 사람들은 사회생활을 제대로 할 수 없다, 나아가 사회를 파괴한다는 뜻입니다.

실제로 소시오패스(적인 사람들)은 자신의 목적 달성을 위해 수단과 방법을 가리지 않고, 다른 사람들을 도구 삼으며, 다른 이들의 고통에 전혀 공감하지 못하고 심지어 즐기는 경향이 있기 때문에 잠재적 범죄자들인 것이 사실입니다.

| 긍휼이 없는 자, 유죄! |

하지만 잠언의 세계관에 의하면 소시오패스적인 사람들은 실제로 범죄를 저지르지 않아도 하나님께 형벌을 받습니다.

왜 그럴까요?

우선은 그런 마음을 갖고 있는 것 자체가 하나의 범죄이며(잠14:21), 나아가 하나님을 멸시하는 것이기 때문입니다(잠17:5).

"이웃을 업신여기는 자는 죄를 범하는 자요..."잠14:21

"가난한 자를 조롱하는 자는 그를 지으신 주를 멸시하는 자요 사람의
재앙을 기뻐하는 자는 형벌을 면하지 못할 자니라."잠17:5

인본주의적 세계관으로는 쉽게 이해하기 어려운 말씀들이지만, 어쨌든 이것이 하나님의 마음이고 하나님이 창조하신 세계의 질서입니다.

해석을 해보자면, 이건 마치 살인이라는 행위가 하나님의 형상으로서

의 인간을 파괴함으로써 하나님께 대한 간접적 공격이 되는 것과 비슷한 이치입니다.

가난한 사람도 하나님의 형상을 그 안에 담고 있으니 (가난하다는 이유로) 그를 조롱하는 것은 합당한 이유 없이 하나님의 형상을 아니 하나님 자신을 멸시하는 범죄인 것입니다.

잊지 마시기 바랍니다. 남의 가난과 불행 그리고 재앙을 기뻐하는 것은 '반사회적인' 행위일 뿐만 아니라 '반하나님적인' 것이라는 사실을요.

│ 긍휼의 마음 북돋기 (1) _ "예수의 영 따르기" │

그래서 우리는 이 너무나 자연스럽고 당연한 마음을 일관되게 그리고 적극적으로 옹호해줘야 합니다. 긍정해주고 북돋워줘야 합니다. 특별히 우리 자녀들이 이런 성품을 유지 혹은 함양해 갈 수 있도록 확고한 마음으로 또 구체적인 플랜을 가지고 지도해줘야 합니다.

어떻게 하면 될까요?

먼저는, 부모인 우리들부터 긍휼의 마음을 품으려고 노력해야 합니다. 긍휼의 마음이 잘 일어나지 않는다면 우리 믿음의 주요 누구보다도 긍휼의 사람이었던 예수님을 깊이 묵상해야 합니다(히12:2).

예수님이 이 땅에서 사셨던 동안에 하셨던 그 수많은 사역들(가르침, 전도, 치유, 귀신 축출 등)의 근본적인 동기가 목자 없는 양처럼 방황하는 인생들을 향한 긍휼의 마음이었던 것을 기억해야 합니다.

> "무리를 보시고 불쌍히 여기시니 이는 그들이 목자 없는 양과 같이 고
> 생하며 기진함이라." 마9:36

여기 '불쌍히 여기시니'라고 번역된 헬라어 동사는 '**스플랑크니조마이**' 인데, 이 단어의 명사형이 흥미롭습니다. 우리 몸의 심장, 콩팥, 창자, 허 파 등 내부 장기inner organs를 뜻하는 '**스플랑크논**'입니다. 그러니까 이게 무 슨 말인가 하면, 여기 이 '불쌍히 여긴다'는 것은 "아, 좀 안 됐구나, 좀 불 쌍하구나" 그런 정도가 아니라, 말 그대로 사람의 내장 깊은 곳에서부터 끓어오르는 감정이라는 것입니다. (더 나아가) 사람의 내장을 끓어놓는 것 처럼 그렇게 절절하고 가슴 아프게 불쌍히 여기는 것을 가리킵니다. 한 마디로, 애간장이 타는 것입니다.

예수님이 목자 없는 양처럼 고생하고 방황하고 내팽개쳐지고 기진맥 진해있는 사람들을 보시고 마치 그와 같은 마음으로 안타까워하시고 불 쌍히 여기신다는 의미이지요. 이것이야말로 우리네 인생들에게 최고의 소식 곧 복음이고 또한 소망일 것입니다.

오늘도 저와 여러분이 육체적으로나 영적으로나 고생하고 기진맥진 해있을 때, 예수님은 그걸 가볍게 보지 않으십니다. 그냥 못 지나치시지 요. 예수님은 우리를 측은하게 보시고, 애가 타십니다. 그분의 내장 깊은

곳에서 우리를 향한 긍휼의 마음이 끓어올라서, 그 마음에 사로잡히십니다. 긍휼의 마음에 압도당하십니다.

그래서 예수님은 인간적으로 보면 불가능한 일들을 할 수 있으셨습니다. 나병 환자를 고쳐주셨을 때 예수님은 단지 말씀으로만 하지 않으시고 그 사람의 썩어 문드러져 있는 피부를 만지면서 고쳐주셨습니다. 이게 인간적으로 쉬운 일일까요? 나병 환자의 살을 스스럼없이 만진다는 것이?

예수님은 그 나병 환자가 너무나 불쌍했던 것입니다. 이 사람은 평생 그 병 때문에 아무도 선뜻 손잡아 주지 않았던 사람입니다. 아무도 선뜻 같이 밥먹어 주지 않고 쉽게 친구되어 주지 않던 사람입니다. 공동체로부터 철저하게 소외돼있었던 너무나 외로운 사람입니다. 예수님은 그 외로운 인생이 너무나 측은하셔서 일부러 그 사람을 만져주시고, 따뜻한 체온을 전하며 위로하셨던 것입니다.

사실 애초에 성자 하나님이 인간의 육체를 입고 이 땅에 오신 근본적인 동기가 긍휼이었습니다. 하나님의 마음에서 범람하는 강물처럼 솟구쳐 나오는 긍휼이 인간의 형상을 취한 것, 그것이 바로 성육신의 본질입니다.[47]

또 십자가의 모진 고통을 끝까지 견딜 수 있었던 힘의 근원도 이 긍휼의 마음이었습니다. 예수님도 인간적으로는 십자가를 지고 싶지 않으셨습니다.

"내 아버지여, 만일 할 만하시거든 이 잔을 내게서 지나가게 하옵소

서."마26:39

그런 예수님이 인생들을 위해서 끝내 십자가의 영적, 육체적 고통을 감내하실 수 있었던 이유, 아버지의 원대로 순종하실 수 있었던 이유, 예수님의 마음의 힘, 그 정체가 무엇이었을까요?

아무리 생각하고 또 생각해 봐도 이유는 단 하나, 저와 여러분이 불쌍해서입니다. 자신이 고통을 못 견디고 도중에 십자가에서 내려와 버리면 이제 속절없이 지옥문을 열고 줄줄이 걸어 들어갈 수밖에 없는 수많은 영혼들이 불쌍했기 때문입니다. 그걸 생각하니 너무나 괴롭고 애가 타셨기 때문입니다.

예수님은 바로 이 긍휼의 마음에 사로잡히셔서 인간적으로는 도저히 상상할 수도 없고 감당할 수도 없는 그 고통스러운 십자가를, 그 부끄러운 십자가를 '감당'하셨던 것입니다. 십자가 없이는 도무지 소망이 없는 인생들이 불쌍해서 마지막까지 죽을힘을 다해 버티셨던 것입니다.

결국 긍휼의 마음이 성자 하나님으로 하여금 구원 사역을 시작하게 하셨으며, 끝까지 그 사역을 완수할 수 있도록 도우셨으며, 마침내 우리를 위한 살 길이 열리게 하셨습니다.

그러므로 예수님의 삶과 죽음을 깊이 묵상하고 그분의 영이신 성령과 친밀해지는 것이야말로 긍휼의 성품을 배양하는 근원적인 모판입니다.

장애인의 자립을 돕기 위해 전국을 발로 뛰는 한 목사님의 고백을 들어 보십시오.

> "긍휼은 주님의 마음이다. 내가 따라할 수도 생산해낼 수도 없다. 불쌍
> 해서 혀를 차는데 그치지 않는다. 와락 안아주지 않고는 견딜 수 없다.
> 긍휼은 주님 마음이 내 마음 되는 순간이다."[48]

긍휼의 영 성령과 동행하는 사람은 긍휼의 마음을 품게 됩니다. 그 마음을 따라 기도하게 되고, 그리고 그 마음을 따라 행동하게 됩니다.

사실 이 '기도'와 '행동'을 본질적으로 구분하거나 분리하기가 쉬운 것은 아닙니다. 기도야말로 가장 일차적이고도 강력한 긍휼의 행동이며, 동시에 긍휼의 행동이야말로 하나님께서 기쁘게 받으시는 삶의 기도이기 때문입니다.

가난한 사람을 보고 긍휼한 마음을 품게 되면 그는 지체하지 않고 양식을 나누어 줄 것이며(잠22:9), 그(녀)가 가난의 굴레에서 벗어날 수 있도록 기도할 것입니다. 병든 사람을 보고 긍휼의 마음이 일어나면 그(녀)를 위해 기도할 뿐만 아니라 그(녀)의 치유와 회복을 위해 가능한 모든 실제적인 도움을 주려 할 것입니다(약5:14).

또 복음을 몰라 멸망의 길을 향해가는 영혼들이 불쌍해진다면 그는 눈물로 기도할 것이며 무슨 수를 써서라도 길이요 진리요 생명이신 예수 그리스도를 전하려고 애쓸 것입니다.

마지막으로 한 가지만 더 생각해 보겠습니다.

만일 누군가 불의한 권력에 의해 압제당하고 유린당하는 것을 보고 긍휼의 마음을 품게 된다면, 그는 무엇을 할까요? 기도하는 것은 물론이고, 분명히 어떤 방식으로든 그 권력에 맞서게 될 것입니다. 그렇습니다. 참된 긍휼의 행동에는 악의 힘과의 단호한 맞대결이 포함됩니다. 긍휼은 그저 아픈 사람을 치료해 주고 가난한 사람을 구제하고 어려운 형편에 있는 사람들을 돌봐주는 차원에 그치지 않습니다.

헨리 나우엔Henri Nouwen의 통찰력 있는 말을 들어 보겠습니다.

"정직하고 솔직한 맞대결은 긍휼의 진정한 표현이다... 권력의 환상은 벗겨 내야만 하며, 우상은 끌어내려야 하고, 압제와 착취는 맞서 싸워야 하며, 이런 악한 일에 동참하는 자들과도 맞서야 한다. 이것이 바로 긍휼이다... 맞대결 없는 긍휼은 아무런 열매도 없는 감상적인 동정으로 쉽게 퇴색하고 만다."[49]

어떻습니까? 이것이 바로 그동안 한국교회가 소홀히 해왔던 긍휼의 한 표현이 아닐까요?

가난을 강화하고 영속화 시키는 경제체제와의 맞대결, 힘없는 민중을 압제하는 권력과의 맞대결 말입니다.

아무튼 이처럼 진정한 긍휼의 마음은 기도를 낳고, 기도는 기도에서 멈추지 않고 다양하고 창조적인 행동으로 이어집니다. 이것이 일반적인 흐름이지요.

| 공감의 기술 |

하지만 그렇다고 해서 무작정 긍휼의 마음이 동하기만을 기다릴 필요는 없습니다. 때로는 먼저 행동했을 때 긍휼의 마음이 자극되고 뒤따라오기도 하기 때문입니다.

그런 관점에서 긍휼의 마음을 북돋울 수 있는 실제적인 기술 하나를 소개해볼까 합니다.

바로 **'공감의 기술'**입니다.

우리가 누군가의 마음 혹은 감정에 적절히 공감할 수 있다면, 너무나 자연스럽게 긍휼히 여겨야 할 때 긍휼히 여길 수 있을 것입니다.

사도 바울은 로마서에서 "즐거워하는 자들과 함께 즐거워하고 우는 자들과 함께 울라"고 명령했는데(롬12:15), 이는 공감의 기술을 체득하라는 말에 다름이 아닙니다.

자, 그렇다면 공감의 기술은 어떻게 개발되고, 또 우리의 몸과 마음에 배일 수 있는 것일까요?

① **보는 연습을 해야 합니다**_ "무리를 '보시고' 불쌍히 여기시니…"(마 9:36). "예수께서 나오사 큰 무리를 '보시고' 불쌍히 여기사 그중에 있는 병자를 고쳐 주시니라"(마14:14).

예수님이 사람들을 불쌍히 여기시기 전에 '보는' 행위가 있었습니다. 여기 '보다'로 번역된 헬라어는 **'에이돈'**인데, 물론 일차적으로 시각적으로 보는 것을 가리킵니다.

하지만 이 단어는 '내면적인 주목으로 알아차리는 것'을 뜻하기도 합니다(마9:2). 심지어, 만나는 것을 의미하기도 하지요(눅8:20). 왜 우리말에도 "내가 그 사람 한 번 볼게"라고 한다면 이 '봄'이 곧 '만남'을 뜻하는 것처럼 말입니다.

아무튼 예수님의 마음속에서 긍휼이 동하기 전에 이 '보는 행위'가 있었다는 사실이 중요합니다. 사실 누군가를 보지 않고서 그(녀)를 불쌍히 여길 수는 없는 것이지요.

보되, 주목해서 봐야 합니다. 관찰해야 합니다. 나아가, 시간을 두고 만나 봐야 합니다.

그렇게 할 때 공감이 되고, 공감이 되면 긍휼은 어느덧 일어나게 되는 것이지요.

이 시간에 여러분의 시선이 주로 어디에 가 있는지 생각해 보십시오. 멋진 용모를 가진 사람들, 부와 명예를 가진 사람들, 드라마틱하게 성공한 사람들한테만 가 있지는 않은지요?

의식적으로 낮은 곳에 여러분의 시선을 두는 연습을 해보십시오. 예를 들어 '초라한 용모를 가진 사람들, 실패한 사람들, 가난한 나라들, 전쟁과 분쟁과 재난 중에 있는 지역들' 말입니다.

② **대화하는 연습을 해야 합니다**_ 일상생활에서 다른 사람들과 대화할 때 우리는 자연스럽게 공감의 기술을 향상시킬 수 있습니다. 바로, 경청을 통해서이지요.

"이 사람의 마음과 감정에 공감해 봐야겠다!", 처음부터 이 다짐 혹은 각오를 하고 대화에 임하는 연습을 해보십시오. 자연스럽게 내 말은 줄어들고, 상대방의 말을 많이 듣게 될 것입니다.

또, 말 한 마디를 하더라도 진심이 묻어나는 말을 하도록 노력해 보십시오. (상대가 불편해하지 않는 범위 내에서) 상대방이 말한 내용을 일부 받아서 말하는 것도 좋은 방법 중에 하나입니다.

상대방의 몸동작이나 표정을 살짝 따라하는 것도 나쁘지 않습니다. 상대방이 웃을 때 따라웃고 찡그릴 때 함께 찡그리고 말이지요.

이렇게 하다 보면 어느덧 상대방의 마음의 주파수와 내 마음의 주파수가 맞아 들어가게 됩니다. 심지어 언제 입을 열어야 하고 언제 입을 다

물어야 하는지까지 자연스럽게 체득하게 되지요.

③ **만나는 연습을 해야 합니다**_ 매일 신문을 펴고 뉴스만 틀어도, SNS에 접속하기만 해도 우리가 불쌍히 여겨야 하는 수많은 사람들의 스토리를 접할 수 있습니다. 그 이야기들을 '보고 주목하면서' 공감의 잔근육들을 발달시켜 갈 수도 있습니다.

하지만 더 좋은 것은 아무래도 내 주변에서 그러한 사람들을 실제로 만나보는 것입니다. 일회적인 만남도 좋고, 가능하다면 그들과 좀 더 지속적인 관계를 형성해 보십시오.

빌 하이블즈Bill Hybels의 표현을 빌리자면 '직접적인 사랑의 관계'를 맺는 것입니다.[50] 쉽게 말해 '내가 개인적으로 아는 사람 중에 긍휼히 여길 대상이 있도록 하는 것', 이것이야말로 최고의 공감의 기술입니다.

우리는 보고, 대화하고, 만나는 것을 통해 긍휼의 대상에게 공감합니다. 이제 행동할 차례입니다. 그런데 누구나 알고 있듯이 세상은 넓고 긍휼을 베풀어야 할 대상은 너무나 많습니다. 혼자서는 그 모든 대상에게 갈 수도 없고, 또 꾸준하게 긍휼의 행동을 취할 수도 없습니다. 공동체가 세상의 필요와 그 필요에 대한 우리 개인의 반응 사이에서 다리 역할을 해야 하는 이유가 여기에 있습니다.[51]

누구는 경제적으로 궁핍한 사람들에게 가야 하고, 또 누구는 나쁜 정치에 의해 피해당한 사람들에게 관심을 가져야 합니다. 한 지체는 장애인들을 보며 긍휼의 마음이 샘솟고, 다른 지체는 소아암 병동에 누워 있는 아이들을 향하여 긍휼이 폭발합니다.

한 집사님은 어린 나이에 미혼모가 된 딸 같은 소녀들을 생각하며 눈물짓고, 다른 권사님은 열악한 환경 속에서 외롭게 살고 있는 독거노인들에게 자꾸만 마음이 쓰입니다. 물론 매주 자기도 모르게 영등포의 쪽방촌이나 서울역의 노숙자들에게 찾아가는 장로님도 있습니다.

한 모임은 군부 쿠데타로 지옥을 겪고 있는 어떤 나라를 위해 중보해야 하고, 다른 모임은 기근과 질병, 홍수와 지진으로 망연자실한 다른 나라를 도와야 합니다.

예를 들자면 끝이 없습니다. 우리는 오직 공동체의 일원으로서만, 그리고 공동체의 이름으로서만 세상의 모든 필요와 고통에 일정 정도 의미 있게, 도중에 지치거나 낙심하지 않고 접근할 수 있습니다.

사실 하나님 백성의 공동체는 그 존재 자체가 하나님의 긍휼하심의 열매입니다. 우리는 궁극적으로 개인적 자질로서 긍휼의 행동을 취하는 것이 아니라 하나님의 긍휼을 입은 자의 마땅한 반응으로서 긍휼어린 삶을 삽니다.

그렇습니다. 그것은 (어떤 관점에서 보면) 개인의 성품적인 특징이 아니라고 말할 수도 있습니다. 그것은 개인의 업적이나 특별한 인격적 자질도 아닙니다. 긍휼은 그저 '함께 살아가는 삶의 방식'인 것입니다.[52]

| 누구에게나 필요한 긍휼 |

예수님은 산상 수훈에서 긍휼히 여기는 자가 긍휼히 여김을 받는다고 말씀하셨습니다(마5:7). 이 말씀에는 사람은 누구나 긍휼히 여김을 받을 때가 있다는 전제가 깔려 있습니다.

왜 아니겠습니까? 평생 성공만 하거나 평생 아프지 않거나 평생 늙지 않고 죽지 않는 사람은 없기 때문입니다.

인간은 누구나 언젠가는 다른 사람에게 긍휼히 여김 받고 은혜를 입어야 하는 상황을 만나게 됩니다. 그때를 위해서라도 미리미리 서로서로 긍휼히 여기는 습관을 들여야 합니다. 아니 그런 성품을 길러야 합니다.

미래를 대비하는 전략의 차원에서가 아니라 내 성품에서 긍휼이 자연스럽게 흘러나오도록 해야 합니다. '그렇게 하는 것이 좋으니까'라고 머리가 판단하기에 앞서 가슴이 먼저 움직여야 합니다.

그런 사람들이 모인 공동체, 긍휼의 사람들이 함께 사는 사회를 상상해 보십시오. 이 얼마나 안전하며 살 만한 곳이겠습니까?

긍휼은 관계가 파국으로 가는 것을 막아주는 마지막 보루와도 같습니다. 또, 긍휼은 이미 깨어진 관계를 회복시켜줄 수 있는 최후의 희망이기도 합니다.

제가 아는 한 여집사님이 있습니다. 아주 신실한 집사님인데, (왜 그러셨는지 몰라도) 안 믿는 남자를 만나서 결혼을 했습니다. 물론 본인이 좋아서 한 결혼입니다. 그런데 막상 같이 살아보니까 믿지 않는 남자랑 산다는 게 생각만큼 쉽지 않았다고 합니다.

언제부터인가 자기가 교회에 안 나오는 것은 기본이고, 컨디션이 안 좋으면 이 여집사님이 교회 나가는 것도 방해하기 시작했습니다. 은근히 비꼬고, 여러모로 핍박을 하는 것이지요. 제가 더 구체적으로 적을 수는 없지만, 아무튼 그래서 이 여집사님이 날이 갈수록 남편이 미워지더라는 것입니다. 미워서 한 소리 하면 부부관계는 점점 더 악화되고...

그래서 이분 심방을 가면, 늘 우셨습니다. 남편이 밉고, 그런 남편이랑 결혼한 자기 자신도 밉고, 속상해서 늘 우셨습니다. 그런데 어느 해엔가 또 심방을 갔는데, 이분이 그날은 안 우시는 겁니다. "어 이상하다? 슬슬 우실 때가 됐는데?" 속으로 생각했는데, 계속 안 우시는 거에요.

그래서 물었습니다. "집사님, 요즘은 남편분하고 괜찮으신가요?" 이분 말씀이 괜찮다는 것입니다. 놀랍기도 하고 반갑기도 해서 또 물었습니다. "아니, 남편분이 어떻게 좀, 변하신 거에요?" 그랬더니 이 여집사님이 그제서야 눈물을 흘리면서 이렇게 말씀하셨습니다. "목사님,

남편이 변한 게 아니라 제가 변했어요."

이야기를 들어 보니, 어느 날부터인가 남편이 문득 불쌍해 보이더라는 것입니다. 남편이 갑자기 머리가 쑥쑥 빠지기 시작하는데, 처음엔 그게 그렇게 측은해 보였답니다. 그리고 남편이 가장으로서 이 모양 저 모양으로 고군분투하는 모습이 적이 안쓰럽더라는 것입니다.

그래서 남편이 불쌍해 보이니까 이제 남편이 조금씩 용서가 되더라는 것이지요. 남편이 변한 건 없는데 이 인간이 불쌍해 보이니까 용서가 되더라는 것입니다. 그래서 이제 말 한 마디라도 좀 더 상냥하게 하고 밥 한끼라도 더 신경써서 챙겨주고 했더니 놀랍게도 그때부터 남편이 조금씩 변하더란 것입니다. 아직 완벽(?)하진 않지만 아무튼 교회에 나오려고 노력하기 시작하고, 나름 아이들한테도 잘 하고... 요즘 너무 행복하다는 것입니다.

| 긍휼, 지키고 회복시키는 힘 |

이처럼 긍휼은 관계를 지킵니다. 상대가 변하지 않았어도 내 안에 긍휼이 있으면 관계가 달라집니다. 우리는 변하지 않았어도 예수 그리스도의 긍휼이 우리의 현재와 미래를 결정적으로 바꾼 것처럼 말입니다.

하나님의 긍휼의 마음이 식어버리면 어떻게 하느냐구요? 그런 걱정을 할 필요는 없습니다. 하나님은 죄짓고 넘어지는 우리를 보고 한숨을 쉬며 "어휴, 정말로 이번 한 번만 더 참아야지" 하시는 게 아닙니다. 겨우 겨우 분을 삭이시며 억지로 '긍휼 코스프레'를 하는 게 아닙니다.

하나님은 당신의 긍휼의 성품에서 흘러나오는 자연스러운 반응으로서 우리에게 아낌없이 긍휼을 베푸십니다.

긍휼은 그 자체로 하나님의 본성이자 실체요 억제하기 어려운 강력한 성향입니다. 우리는 흔히 "참는데도 한계가 있어!"라고 역정을 내며 바닥을 드러내지만 하나님의 긍휼에는 한계와 다함이 없습니다.

우리가 죄와 상관없는 사고나 재난을 당했을 때는 긍휼히 여기시고, 죄를 지었을 때는 짜증을 내시며 긍휼을 멈추시고?

그렇지 않습니다. 하나님은 오히려 우리가 죄를 짓고 그 쓴 열매를 먹으며 신음할 때 우리를 더욱 긍휼히 여기십니다.

좀 길긴 하지만 청교도 토머스 굿윈Thomas Goodwin의 감동적인 설명에 끝까지 귀를 기울여 보십시오.

"당신이 범한 바로 그 죄가 그분을 진노케 하기보다 오히려 당신을 불쌍히 여기도록 그분의 마음을 움직입니다... 그렇습니다. 어떤 혐오스러운 질병을 가진 어린아이를 향한 아버지의 마음처럼, 불쌍히 여기는 그분의 마음은 당신을 향해 더욱더 커집니다. 사람은 자기 몸의 한 부분이 나병으로 문드러진다고 해서 그 부분을 미워하지 않습니다. 자기 몸이기 때문입니다. 오히려 자신의 몸을 그렇게 만드는 질병을 미워합니다...

　　우리가 사랑하는 사람이 비참함 가운데 있을 때 우리는 그를 불쌍히

여깁니다. 그 처한 비참함이 클수록 그를 향한 연민도 더해집니다. 모

든 비참함 중에 죄만큼 비참한 것도 없습니다."⁵³

　오늘날 왜 이토록 사람들 사이의 관계가 쉽게 깨어지고, 또 한 번 깨어

진 관계는 잘 회복이 안 되는 것일까요?

　아마도 사람들 마음속에서 긍휼이 잘 작동되지 않기 때문일지 모릅니

다. 하나님께서 우리들의 관계와 공동체를 보호하기 위해서 사람들의 심

장 깊은 곳에 꽂아둔 '마법의 열쇠'가 고장난 것입니다.

　속히 우리들 마음속에서, 특별히 우리 자녀들의 마음속에서 이 귀한

긍휼의 세포들이 살아나고, 길러지고, 풍성한 결실을 맺길 소망합니다.

● 공감의 기술을 개발하는 방법

1)'보는 연습'을 해야 한다_ 낮은 곳에 시선을 두고, 주목해서 보고, 관찰하십시오.

2)'대화하는 연습'을 해야 한다_ 공감하겠다는 작정을 하고 대화에 임하고, 상대가 더 많이 말하도록 하고, (상대가 불편해하지 않는 범위 내에서) 상대의 표정과 행동을 따라 해보십시오. 말 한 마디를 하더라도 진심을 담아 하도록 노력하십시오. 때로는 침묵하며 그저 함께 있어주는 것만으로 공감을 표현해 보십시오.

3)'만나는 연습'을 해야 한다_ 어려운 형편에 있는 사람들과 '아는 사이'가 돼 보십시오. 여러 사람을 한 번만 찾아가는 것보다 한두 사람이라도 여러 번 찾아가는 편을 택해보십시오.

질문과 묵상과 행동

1. 갈수록 소시오패스(sociopath)적인 사람들이 많아지는 문화적, 사회적, 영적 요인들이 있는지 생각해 봅시다.

2. 우리의 긍휼의 마음을 자극하고 북돋울 수 있는 것들에는 어떤 것들이 있

겠는지 생각해 보고, 가족과 함께 실천해 봅시다.

3. 지금 여러분이 긍휼히 여겨야 하는 사람이 있는지 주변에서 찾아 보십시오. 그리고 그분을 위해서 기도하고 하나님이 주시는 마음을 따라 뭔가 행동해 보십시오.

"그리스도인의 성품은 하나님의 사랑에 대한 반응으로 자란다.
그러므로 그것은 공동체적인 교제 안에서 자란다.
또한 그리스도인의 성품은 기독교적인 순종을 실천함으로써 자란다."

- 데이비드 앗킨슨 -

나가는 글 _
그럼에도 불구하고, 성품

잠언의 주제는 흔히 말하듯이 '지혜'입니다. 그런데 저는 잠언을 묵상하고 연구하면서 지혜와 '성품'의 연결고리를 발견했습니다. 하나님께서는 우리가 지혜로운 삶을 살기 원하시는데, 그 지혜는 우리의 성품을 통해서 자연스럽게 흘러나오게 되어있다는 사실입니다.

가령 온유한 성품을 가진 사람은 특별히 의식하거나 애쓰지 않아도 온유하게 말하고 행동하게 돼있습니다. "인간관계에 있어서는 온유하게 구는 게 지혜로운 거야"라고 스스로에게 다짐하면서 온유한 말과 행동을 인위적으로 만들어낼 필요가 없습니다.

성품의 힘이 여기에 있습니다. 하나의 좋은 성품으로 빚어지기까지는 오랜 시간과 훈련이 필요하지만 일단 그 성품을 갖게 되면 억지로 쥐어짜듯이 바람직한 말과 행동을 하지 않아도 됩니다. 오히려 자기 성품과 다르게 말하거나 행동하는 것이 더 어렵습니다.

그런 의미에서 성품은 '제2의 천성'이자 '이차적인 자연스러움'입니다.[54]

그래서 좋은 성품을 갖고 있는 사람은 매사에 머리를 싸매고 '어떻게 지혜로운 한 수를 둬야 하는지' 고심할 이유가 없습니다. 그냥 자기 성품이 시키는 대로 하면(자연스럽게 반응하면) 그게 바로 지혜로운 말과 행동이 됩니다. 그리고 자연스럽게 형통하게 됩니다. 여기까지가 잠언의 가르침입니다.

| 성 품 도 때 로 는 실 패 한 다 |

그런데 앞서도 말씀드린 것처럼 이것은 예외가 없는 절대불변의 원리가 아닙니다. 대체적으로 그렇고 일반적으로 그러하지만 분명히 예외도 있습니다. 흔한 말로 '예외 없는 규칙은 없다'고 하는데, 잠언도 예외는 아닙니다.

다시 말해 좋은 성품을 갖고 있어도 늘 결과가 좋은 것은 아닙니다.

'온유'한 사람이라고 해서 모든 사람들에게 사랑받는 것은 아닙니다. 그에게도 뜻밖의 적이 있습니다. 매사에 '절제'하며 주의 깊게 살아도 불가항력적으로 어그러지는 삶의 영역, 혹은 그런 순간이 있습니다.

'적극성'을 가지고 산다고 해서 삶에 늘 열매가 있는 것도 아닙니다. '겸손'한 사람이 궁극적으로 존귀하게 되는 경향도 있지만, 그 반대의 경우도 너무 많습니다.

'**부지런**'하면 결국은 재물을 얻게 되고 자기 앞가림을 하게 마련이지만 그렇지 않은 경우도 더러 있습니다. 사람들은 대체로 '**정직**'한 사람을 좋아하지만 그렇지 않은 사람들도 분명히 존재합니다.

하나님은 '**부모를 공경**'하는 사람을 잘 되게 하고 더불어 장수까지 하게 해주시겠다고 약속하셨지만 불효막심한 자들도 얼마든지 잘 되고 오래 삽니다.

'**긍휼의 마음**'이야 더 말할 것도 없을 것입니다. 성공한 사람들 중에 냉정하다 못해 잔인한 이들이 얼마나 많습니까?

"성품 훈련 교재를 마무리하면서 할 이야기는 아니지 않은가?"라고 생각하실 수도 있겠습니다. 성품 훈련을 위한 동기 부여를 더욱 해주지는 못할망정 맥 빠지게 말이지요. 하지만 제가 굳이 이런 이야기를 하지 않아도 독자 여러분들이 이미 내심 그렇게 느끼고 계시지 않을까요?

| 충분하지는 않은, 그러나 꼭 필요한! |

그렇습니다. 성품 훈련은 꼭 필요한 것이지만 그것만으로 충분하지는 않습니다. 사실 (정직하게 말해서) '성품을 훈련한다는 것'이 여러분 각자에게 얼마나 실효성이 있을지도 의문입니다. 물론 제 개인적으로는 (서문에서 밝힌 대로) 큰 효과가 있었지만 말입니다.

여하튼, 성품 훈련이 제법 효과가 있다고 해도 훈련된 성품이 만능은 아닙니다.

좋은 성품을 또 하나의 스펙처럼 여기고 세속적인 성공의 방편으로 치부한다면 더더욱 그렇습니다. 아마도 성공할 확률이 높아지겠지만 반드시 그럴 거라고 보장은 해드릴 수 없습니다.

구약 성경의 욥을 보십시오. 욥이야말로 잠언적 지혜의 화신 아닙니까? 그야말로 좋은 성품의 대명사 아니었습니까? 그는 하나님이 친히 인정하실 정도로 '온전하고 정직하여 하나님을 경외하며 악에서 떠난' 사람이었습니다(욥1:8).

하루아침에 재산과 자녀들을 모두 잃어버린 패닉 상황에서도 자기 감정을 다스릴 수 있었던 '침착한 성품'의 소유자였습니다(1:22). 하나님을 욕하고 죽어 버리라고 악을 쓰는 아내한테도 화 한번 내지 않을 만큼 '온유한 성품'을 가진 남편이었습니다(욥2:9-10).

맹인의 눈도 되고 다리 저는 사람의 발도 되고 빈궁한 자의 아버지도 되며 심지어 잘 모르는 사람의 송사를 돌보아줄 만큼 '긍휼의 사람'이기도 했습니다(욥29:15-16).

하지만 이런 욥과 같은 사람도 어느 날 갑자기 (그의 모든 지혜와 좋은 성품에도 불구하고) 막대한 실패와 참담한 불행을 뒤집어 쓸 수 있는 게 우리네 인생입니다.

이렇게 말하면 "그래도 결국엔 욥이 회복되고 건강과 재물과 자녀들의 복을 이전보다 더 받지 않았느냐'고 반문하는 분들이 있을 것입니다.

네 맞습니다. 분명히 욥은 그렇게 회복됐습니다.

하지만 우리의 현실을 보십시오. 훌륭한 경건과 좋은 성품을 가졌음에도 불구하고 끝까지 회복되지 못하고 그대로 삶을 마감하는 이들도 적지 않습니다. 그런 이들에게도 좋은 성품이란 여전히 중요한 문제일까요?

| 좋 지 않 은 성 품 은 없 다 (?) |

욥기를 지나 전도서에 이르면 상황은 더 심각해집니다. 욥기가 좋은 성품에도 불구하고 불행해질 수 있는 가능성을 보여줬다면 전도서는 아예 좋은 성품 다시 말해 추구해야 할 성품이란 게 있는지 의문을 제기합니다.

다음과 같은 유명한 구절이 있습니다.

"범사에 기한이 있고 천하 만사가 다 때가 있나니 날 때가 있고
죽을 때가 있으며 심을 때가 있고 심은 것을 뽑을 때가 있으며
죽일 때가 있고 치료할 때가 있으며 헐 때가 있고 세울 때가 있으며
울 때가 있고 웃을 때가 있으며 슬퍼할 때가 있고 춤출 때가 있으며 돌
을 던져 버릴 때가 있고 돌을 거둘 때가 있으며 안을 때가 있고 안는 일

을 멀리 할 때가 있으며 찾을 때가 있고 잃을 때가 있으며 지킬 때가 있

고 버릴 때가 있으며 찢을 때가 있고 꿰맬 때가 있으며 잠잠할 때가 있

고 말할 때가 있으며 사랑할 때가 있고 미워할 때가 있으며 전쟁할 때

가 있고 평화할 때가 있느니라.˝전3:1–8

우리가 잠언적 세계관을 고수한 채로 이 말씀을 읽으면 분명히 '날 때'는 좋은 것이고 '죽을 때'는 나쁜 것입니다. '전쟁할 때'는 악한 것이고 '평화할 때'가 선한 것이 분명합니다.

하지만 정말 그런 식으로만 봐야 할까요? 그런 논리대로라면 '심을 때'는 좋은 것이고 '심은 것을 뽑을 때'는 좋지 않은 것입니까? 그렇지 않지요. 곡식을 심어 놓고 추수 때 그것을 뽑지 않으면 무슨 일이 벌어지겠습니까?

또 짐승을 길러 팔아야 하는 사람의 입장에서 보면 물론 아픈 짐승을 치료해야 할 때도 있지만 (멀쩡한 짐승을) 죽여야 하는 때도 있습니다. 건축하는 사람의 입장에서는 먼저 헐어야만 세울 수 있는 프로젝트도 많습니다.

결혼식장에 가서는 웃고 춤추는 것이 선이지만 장례식장에서는 울고 슬퍼하는 것이 선입니다.

이 정도만 해도 전도자의 세계관을 웬만큼 이해하실 수 있을 것입니다. 우리가 흔히 선이라고 생각하는 것, 그것이 때로는 악이 될 수도 있고

반대의 경우도 마찬가지입니다. 이와 같은 전도자의 세계관을 성품에 적용해 보자면, 인간의 모든 성품이 다 의미가 있다고 말할 수 있습니다.

온유한 것만 좋은 것이 아니고 때로는 화를 내는 것도 좋은 것입니다. 절제만 좋은 것도 아니고 경우에 따라서는 갈 데까지 가보는 것도 필요합니다.

적극성을 띠어야 할 때도 있지만 상황에 따라 소극적이어야 할 때도 있습니다. 겸손은 물론 미덕이지만 때로는 나를 드러내고 나 자신을 믿고 긍지와 자부심을 한껏 끌어올려야 할 상황도 존재합니다.

인간은 모름지기 부지런해야 하지만 가끔은 한없이 게을러져보는 것도 나쁘지 않습니다. 정직은 좋은 것이지만 경우에 따라 거짓말이 유익한 결과를 낳기도 합니다.

부모를 공경하는 것이 인지상정이지만 어떤 부모는 도저히 공경할 수 없는 것이 사실입니다. 긍휼의 마음을 베풀어야 할 때도 있지만 냉정 혹은 비정이 필요한 순간도 있습니다.

그야말로 "하나님이 모든 것(성품을 포함해서!)을 지으시되 때를 따라 아름답게 하셨다"고 말할 수 있지 않겠습니까?(전3:11).

| 그럼에도 불구하고, 성품! |

이쯤 되면 성품 훈련을 하자는 것인지 하지 말자는 것인지 헷갈리는

분들도 있을 것 같습니다. 하지만 거듭 말씀드리는 것처럼 성품 훈련은 필요합니다. 시대를 막론하고 좋은 성품이 곧 실력이고 행복한 인생을 위한 든든한 디딤돌입니다. 그것으로 모든 것이 다 되는 것은 아님에도 불구하고 말이지요.

또 어떤 성품이 좋은 성품인지 궁극적으로 확신하기 어려운 미묘한 지점들이 분명히 존재함에도 불구하고 말입니다. 나아가, 좋은 성품을 갖추었다고 해서 꼭 (세속적인 의미에서) 형통하는 것은 아니라고 하더라도 말이지요.

요컨대, 성품 훈련에 대한 비현실적인 기대를 내려놓을 필요가 있습니다. 과도한 기대 혹은 세속적인 기대는 금물입니다. 의욕을 꺾으려고 하는 말이 아닙니다. 오히려 성품 훈련의 가치와 한계를 제대로 알고 시작하자는 것입니다.

어떤 의미에서는 '잠언의 가치와 한계'라고 말해야 될지도 모르겠습니다. 분명히 잠언의 관점이 가진 한계가 있습니다. 어떤 분들이 우스갯소리로 잠언을 우파, 욥기와 전도서를 좌파라고 칭하기도 하던데, 아무튼 잠언의 세계관으로는 결코 다 담아낼 수 없는 복잡다단한 인생의 단면들이 있음을 우리는 압니다.

그래서 하나님이 당신의 백성들에게 욥기와 전도서를 더해주셨고, 그래서 이 세 개의 성경이 하나로 묶여서 '지혜서'로서 존재하는 것입니다. 한 편의 복음서로는 결코 예수 그리스도의 삶과 죽음의 의미를 오롯이다 담아낼 수 없기에 하나님이 네 편의 복음서를 주신 것처럼 말입니다.

그럼에도 불구하고 우선은 잠언의 가르침에 헌신해보는 것이 필요합니다(부모들은 물론이고 어린 자녀들이라면 더욱 그렇습니다). 잠언의 세계관을 충분히 체득한 연후에 욥기와 전도서의 삐딱함에 직면해도 결코 늦지 않습니다.

아니 오히려 잠언의 세계관을 충실히 받아들인 사람이라야 유사시에 욥기와 전도서가 더욱 의미 있게 다가올 것입니다. "그렇기 때문에 반드시 해야겠다"가 아니라 "그럼에도 불구하고 꼭 해봐야겠다"의 마음가짐으로 성품 훈련을 시작해 보십시오.

분명히 생각보다 훨씬 달콤한 열매를 맛보게 될 것입니다.

미주

1) 하나님이 솔로몬에게 주신 보너스는 '부귀'와 '영광'이었습니다. 하지만 '장수'의 복에는 조건이 붙어 있었습니다. "내가 또 네가 구하지 아니한 부귀와 영광도 네게 주노니 네 평생에 왕들 중에 너와 같은 자가 없을 것이라 <u>네가 만일 네 아버지 다윗이 행함 같이 내 길로 행하며 내 법도와 명령을 지키면</u> 내가 또 네 날을 길게 하리라"(왕상3:13-14).
2) 리차드 넬슨(Richard Nelson) 〈열왕기 상·하〉 70, 한국장로교출판사 (2000).
3) 이 표현은 유진 피터슨(Eugene H. Peterson)의 메시지 성경을 저자가 번역한 것입니다. "The good life begins in the fear of God."(The Message, 797)
4) 유진 피터슨 〈물총새에 불이 붙듯〉 341, 복 있는 사람 (2018).
5) 제임스 스미스(James K. A. Smith) 〈습관이 영성이다〉 155, 비아토르 (2018).
6) 팀 켈러(Timothy Keller & Kathy Keller) 〈오늘을 사는 잠언〉 12, 두란노 (2018).
7) 마이클 프로스트(Michael Frost) 〈일상, 하나님의 신비〉 42, IVP (2002).
8) 사이몬 챈(Simon Chan) 〈영성 신학〉 202, IVP (2002).
9) 사이몬 챈, 같은 책, 211.
10) 데이비드 깁슨(David Gibson) 〈인생, 전도서를 읽다〉 86, 복 있는 사람 (2018).
11) "미련한 자의 어리석은 것을 따라 대답하지 말라 두렵건대 너도 그와 같을까 하노라"(잠26:4).
"미련한 자에게는 그의 어리석음을 따라 대답하라 두렵건대 그가 스스로 지혜롭게 여길까 하노라"(잠26:5).

12) 마크 브래킷(Marc Brackett) 〈감정의 발견〉 230-235, 북라이프 (2020).

13) 성품의 도덕적 측면은 인간성으로서의 성품의 부분집합에 해당합니다. 혹은 다이아몬드와도 같은 입체적인 성품을 특정 각도에서 바라보는 것과도 유사하다고 말할 수 있을 것입니다.

14) 알렉 모티어(J. A. Motyer) 〈야고보서 강해〉 194, IVP (2008).

15) 톰 라이트(N, T. Wright) 〈그리스도인의 미덕〉 454, 포이에마 (2010).

16) 데인 오틀런드(Dane C. Ortlund) 〈온유하고 겸손하니〉 26, 개혁된실천사 (2022).

17) 이영숙 〈성품양육법〉 285, LYS좋은나무성품학교 (2019).

18) 우선, 모세는 단지 말이 아니라 자신의 커다란 액션을 통해 물을 냄으로써 마치 자기의 행동이 기적의 원천인 것처럼 백성을 오도했는데, 이것은 말하자면 하나님만이 받으셔야 할 영광을 가로챈 반역죄입니다. 또한, 그럴법한(물이 나오게 할법한) 행동이 없어도 하나님께서 물을 내실 것을 믿지 못한 불신의 죄이기도 합니다("너희가 나를 믿지 아니하고"민20:12). 그런 관점에서 보면 아론을 포함한 이스라엘 백성이나 오늘 모세나 모두 가나안 땅에 들어가지 못할만한 동일한 죄를 범한 것이라고 말할 수 있습니다(티모시 애슐리 〈The book of Numbers〉 386).

19) 데이비드 폴리슨(David Powlison) 〈악한 분노, 선한 분노〉 182, 토기장이 (2018).

20) 데인 오틀런드, 같은 책, 140.

21) C. S. 루이스(C. S. Lewis) 〈네 가지 사랑〉 24, 홍성사 (2005).

22) 데인 오틀런드, 같은 책, 133.

23) 폴 스티븐스(Paul Stevens) 〈내 이름은 야곱입니다〉 46, 죠이선교회 (2005).

24) 프레드릭 뷰크너(Fredrick Buechner) 〈통쾌한 희망사전〉 182, 복 있는 사람 (2005).

25) 정지우 〈인스타그램에는 절망이 없다〉 66, 한겨레출판 (2020).

26) 팀 켈러, 같은 책. 133.

27) 달라스 윌라드(Dallas Willard) 〈마음의 혁신〉 260, 복 있는 사람 (2003).

28) 아마도 그래서 사도 베드로는 '믿음에 덕을 더하라'고 말했을 것입니다(벧후

1:5).

29) 달라스 윌라드 〈잊혀진 제자도〉 85, 복 있는 사람 (2007).

30) 영성 훈련과 관련한 최고의 조언자 중에 한 사람인 달라스 윌라드는 영성 훈련의 방법들을 두 가지 범주로 구분합니다. **'절제의 훈련'**과 **'참여의 훈련'**이 그것입니다. 절제의 훈련은 말 그대로 뭔가를 절제함으로써 '하는 죄'를 범하는 성향을 억제합니다. 반대로 참여의 훈련은 참여하고 활동함으로써 '하지 않는 죄'의 성향에 대응합니다. 절제의 훈련으로는 독거, 침묵, 금식, 검약, 순결, 입이 무거움, 희생 등을 제안하고, 참여의 훈련으로는 성경 탐구, 예배, 찬양, 봉사, 기도, 친교, 죄 고백, 복종 등을 이야기 합니다(달라스 윌라드 〈영성훈련〉 제9장).

31) 로완 윌리엄스(Rowan Williams) 〈인간이 된다는 것〉 105, 복 있는 사람 (2019).

32) 성품 형성과 관련해서 SNS를 '절제'해야 하는 이유가 있습니다. 우선, SNS에 과도하게 몰입하게 되면 그 자체로 나 자신을 성찰할 시간과 에너지를 많이 빼앗기게 되기 때문입니다. 고요하게 한 걸음 물러나서 나 자신의 말과 행동을 깊이 들여다보는 일 없이 좋은 성품을 만들어 갈 수는 없는 법입니다. 다음으로, 오늘날 우리는 SNS를 통해 '나 자신만을 위한 특정 문화와 정신적 환경'을 만들어 냄으로써 자기중심적 성향을 강화해 갈 수 있습니다(데이비드 브룩스 〈인간의 품격〉, 446). 이는 특히 '겸손'과 '긍휼의 마음'을 길러내는 데 걸림돌이 될 수밖에 없는 환경입니다.

33) 스탠리 하우어워스(Stanley Hauerwas) 〈덕과 성품〉 178, IVP (2019).

34) 톰 라이트, 같은 책, 393.

35) 트렘퍼 롱맨(Tremper Longman III) 〈잠언 주석〉 851, CLC (2019).

36) 폴 스티븐스 〈일의 신학〉 159, CUP (2014).

37) 존 스토트(John R. W. Stott) 〈제자도〉 52, IVP (2010).

38) 존 스토트, 같은 책, 52.

39) 트렘퍼 롱맨, 같은 책, 450-451.

40) 데인 오틀런드, 같은 책, 257.

41) 마빈 토케이어(Marvin Tokayer) 〈유대인 수업〉 207, 탐나는책 (2019).

42) 유진 피터슨, 같은 책, 511.

43) 스탠리 하우어워스, 같은 책, 45.

44) 톰 라이트, 같은 책, 277.

45) 송민원 〈지혜란 무엇인가〉 47, 감은사 (2021).

46) 여기서 가난한 자들이란 본인의 의지와 무관하게 외적인 요인들 곧 사회적 불의 나 자연 재해 등에 의해 불가항력적으로 가난을 겪고 있는 사람들입니다. 또 기본적인 의식주가 여의치 않을 정도의 심각한 가난을 암시합니다.

47) 데인 오틀런드, 같은 책, 223.

48) 함께하는재단 굿윌스토어 사목 서진교 목사 페이스북. (2022,7,22).

49) 헨리 나우엔(Henri Nouwen) 〈긍휼〉 199-200, IVP (2002).

50) 빌 하이블즈(Bill Hybels) 〈살아있는 하나님의 지혜〉 206, IVP (2000).

51) 헨리 나우엔, 같은 책, 91.

52) 헨리 나우엔, 같은 책, 86.

53) 토머스 굿윈(Thomas Goodwin) 〈마음〉 174-175, 복 있는 사람 (2018).

54) 톰 라이트, 같은 책, 48.

참고한 책들

고든 맥도날드(Gordon MacDonald) 『영적 성장의 길』 두란노 (2005)

고영건, 김진영 『행복의 품격』 한국경제신문 (2019)

그레엄 골즈워디(Graeme Goldsworthy) 『복음과 하나님의 지혜』 성서유니온선
　　　교회 (1989)

김기석 『가치 있는 것들에 대한 태도』 비아토르 (2018)

김미라, 김은영, 조서영 『사자소학』 다원 (2012)

달라스 윌라드(Dallas Willard) 『마음의 혁신』 복 있는 사람 (2003)

　　　　　　　　　　　　　　，『영성 훈련』 도서출판 은성 (1993)

　　　　　　　　　　　　　　，『잊혀진 제자도』 복 있는 사람 (2007)

데이비드 앳킨슨(David Atkinson) 『잠언 강해』 IVP (2002)

데이비드 깁슨(David Gibson) 『인생, 전도서를 읽다』 복 있는 사람 (2018)

데이비드 브룩스(David Brooks) 『인간의 품격』 부키 (2015)

데이비드 폴리슨(David Powlison) 『악한 분노, 선한 분노』 토기장이 (2018)

데인 오틀런드(Dane C. Ortlund) 『온유하고 겸손하니』 개혁된실천사 (2022)

레오 퍼듀(Leo G. Perdue) 『잠언』 한국장로교출판사 (2000)

로버트 그린(Robert Greene) 『인간 본성의 법칙』 위즈덤하우스 (2019)

로완 윌리엄스(Rowan Williams) 『인간이 된다는 것』 복 있는 사람 (2019)

로이스 티어베르그(Lois Tverberg) 『랍비 예수』 국제제자훈련원 (2018)

루돌프 옷토(Rudolf Otto) 『성스러움의 의미』 분도출판사 (1987)

리차드 넬슨(Richard Nelson) 『열왕기 상·하』 한국장로교출판사 (2000)

마빈 토케이어(Marvin Tokayer) 『유대인 수업』 탐나는책 (2019)

마크 브래킷(Marc Brackett) 『감정의 발견』 북라이프 (2020)

맥스 루카도(Max Lucado) 『예수님처럼』 복 있는 사람 (1999)

박현숙 『하나님 아이로 키워라』 규장 (2015)

벤 캠벨 존슨(Ben Campbell Johnson) 『하나님의 임재를 경험하는 10가
　　　지 방법』 CUP (2010)

빌 하이블즈(Bill Hybels) 『살아있는 하나님의 지혜』 IVP (2000)

사이몬 챈(Simon Chan) 『영성 신학』 IVP (2002)

서순범 『인간 탐구 수업』 샘솟는기쁨 (2021)

송민원 『지혜란 무엇인가』 감은사 (2021)

스캇 펙(M. Scott Peck) 『아직도 가야 할 길』 열음사 (1991)

스탠리 하우어워스(Stanley Hauerwas) 『덕과 성품』 IVP (2019)

C. S. 루이스(C. S. Lewis) 『네 가지 사랑』 홍성사 (2005)

아리스토텔레스(Aristoteles) 『니코마코스 윤리학』 돋을새김 (2008)

아우구스티누스(St. Augustinus) 『고백록』 CH북스 (2016)

오윤성 『인성아! 함께 놀자!』 공미디어 (2022)

유진 피터슨(Eugene H. Peterson) 『물총새에 불이 붙듯』 복 있는 사람 (2018)

_____, 『The Message』 NavPress (2005)

웨인 맥(Wayne Mack) 『분노와 스트레스, 하나님의 방법으로 다스리기』 토기장이
　　　(2017)

이영숙 『성품 양육법』 LYS 좋은나무성품학교 (2019)

정지우 『인스타그램에는 절망이 없다』 한겨레출판 (2020)

제임스 스미스(James Smith) 『습관이 영성이다』 비아토르 (2018)

조던 B. 피터슨(Jordan B. Peterson) 『12가지 인생의 법칙』 메이븐 (2018)

조앤 치티스터(Joan D. Chittister) 『모든 일에는 때가 있다』 가톨릭출판사
　　　(2017)

존 스토트(John R. W. Stott) 『제자도』 IVP (2010)

주디스 리치 해리스(Judith Rich Harris) 『양육가설』 도서출판 이김 (2017)

캐린 홀(Karyn Hall) 『민감한 사람을 위한 감정 수업』 빌리버튼 (2020)

케빈 밴후저(Kevin J. Vanhoozer) 외 『하나님의 사랑』 이레서원 (2014)

토머스 굿윈(Thomas Goodwin) 『마음』 복 있는 사람 (2018)

톰 라이트(N. T. Wright) 『그리스도인의 미덕』 포이에마 (2010)

트렘퍼 롱맨 3세(Tremper Longman Ⅲ) 『잠언 주석』 CLC (2019)

티모시 애슐리(Timothy R. Ashley) 『The book of Numbers』 Eerdmans
(1993)

팀 켈러(Timothy Keller & Kathy Keller) 『팀 켈러, 오늘을 사는 잠언』 두란
노 (2019)

폴 스티븐스(Paul Stevens) 『내 이름은 야곱입니다』 죠이선교회 (2005)

_____, 『일의 신학』 CUP (2014)

폴 트루니에(Paul Tournier) 『모험으로 사는 인생』 IVP (2020)

프레드릭 뷰크너(Fredrick Buechner) 『통쾌한 희망사전』 복 있는 사람 (2005)

프레드릭 댄커(Frederick W. Danker) 『신약성서 그리스어 사전』 새물결플러스
(2017)

피터 홀린스(Peter Hollins) 『자제력 수업』 포레스트북스 (2017)

한기채, 김찬홍 『작은 예수 성품 교실』 넥서스CROSS (2016)

한재술 『사랑으로 말하는 진리』 그책의사람들 (2016)

헨리 나우엔(Henri Nouwen) 『긍휼』 IVP (2002)